O LIVRO DA
NUMEROLOGIA

JOY WOODWARD

O LIVRO DA
NUMEROLOGIA

O guia para o uso dos números
na vida pessoal e profissional

Tradução
Daniel Moreira Miranda

mantra.

Copyright © 2019 by Rockridge Press, Emeryville, California
All illustrations used under license from iStock.com
Author photo courtesy of © Curtis Comeau
First published in English by Rockridge Press, an imprint of Callisto Media, Inc.

Título original: *A Beginner's Guide to Numerology*. Publicado pela primeira vez nos Estados Unidos em 2019 pela Rockridge Press, Emeryville, Califórnia. Traduzido com base na 1ª edição.

Todos os direitos reservados. Nenhuma parte deste livro poderá ser reproduzida ou transmitida de qualquer forma ou por quaisquer meios, eletrônicos ou mecânicos, incluindo fotocópia, gravação ou qualquer sistema de armazenamento e recuperação de informações, sem permissão por escrito do editor.

Grafia conforme o novo Acordo Ortográfico da Língua Portuguesa.

1ª edição, 2022.

Editores: Jair Lot Vieira e Maíra Lot Vieira Micales
Coordenação editorial: Fernanda Godoy Tarcinalli
Produção editorial: Carla Bettelli
Edição de textos: Marta Almeida de Sá
Assistente editorial: Thiago Santos
Revisão: Thiago de Christo
Adaptação de capa e diagramação: Estúdio Design do Livro

Dados Internacionais de Catalogação na Publicação (CIP)
(Câmara Brasileira do Livro, SP, Brasil)

Woodward, Joy.

    O livro da numerologia: O guia para o uso dos números na vida pessoal e profissional / Joy Woodward ; tradução de Daniel Moreira Miranda – São Paulo : Mantra, 2022.

    Título original: A Beginner's Guide to Numerology

    ISBN 978-65-87173-19-1 (impresso)
    ISBN 978-65-87173-20-7 (e-pub)

1. Numerologia 2. Simbolismo dos números I. Título.

22-100521   CDD-133.335

Índice para catálogo sistemático:
1. Numerologia : Ciências ocultas   133.335

Cibele Maria Dias - Bibliotecária - CRB-8/9427

mantra.

São Paulo: (11) 3107-7050 • Bauru: (14) 3234-4121
www.mantra.art.br • edipro@edipro.com.br
@editoraedipro   @editoraedipro

O livro é a porta que se abre para a realização do homem.

Jair Lot Vieira

Ao meu querido marido:

A aventura continua . . .

Beijinhos

SUMÁRIO

Introdução 11

1 A HISTÓRIA POR TRÁS DOS NÚMEROS 15

16	O que é numerologia?
17	A antiguidade de suas origens
20	As vibrações dos números
21	Uma ciência inclusiva
23	As ferramentas da numerologia

2 O SEGREDO POR TRÁS DE SEU ANIVERSÁRIO 25

26	Seu número de aniversário
31	O significado de seu número de aniversário
34	O número de seu caminho de vida
36	O significado de seu número de caminho de vida
47	Energia e caminhos de vida dos números mestres
50	Juntando as peças: números do aniversário e do caminho de vida

3 OS SEGREDOS ESCONDIDOS EM SEU NOME 53

54	Seu nome de nascimento
54	Seu número de destino
57	O significado de seu número de destino
64	A escolha dos nomes de bebês

65	Seu número de alma
68	Seu número de personalidade
69	Significados dos números de alma e de personalidade
77	As consonâncias
78	O número de maturidade
78	Seu número de maturidade
79	O significado de seu número de maturidade
82	Números repetidos

4 CICLOS PESSOAIS: APROVEITANDO AO MÁXIMO CADA DIA, MÊS E ANO 85

86	Seu número de atitude
87	O significado de seu número de atitude
90	Anos pessoais e ciclos
91	O significado de cada ano pessoal
96	Existem problemas de atitude?
100	Meses e ciclos pessoais
100	O significado de seu mês pessoal
105	Dias e ciclos pessoais
106	O significado de seus dias pessoais
107	Juntando tudo

5 GRÁFICOS E SETAS 111

112	Criação do mapa do nascimento
114	O significado de seu mapa do nascimento
115	Setas nos mapas do nascimento
120	Crie seu mapa do nome

121 O significado de seu mapa do nascimento

124 Setas no mapa do nome

125 Todos os seus mapas

6 JUNTANDO TUDO: DECIFRANDO SEU FUTURO, COMPATIBILIDADE E RELACIONAMENTOS 127

128 O que verificar

129 Comece com você

131 Amigos

132 Romance e a pessoa amada

136 Conhecendo novas pessoas

137 Animais de estimação

139 Entendendo as vibrações e desenvolvendo a intuição

7 CONEXÕES COM O TARÔ, A ASTROLOGIA E OS CRISTAIS 143

146 Astrologia e numerologia

148 Tarô e numerologia

150 Cristal e numerologia

155 Sua caixa metafísica de ferramentas

8 A NUMEROLOGIA COTIDIANA 159

160 Números em todos os lugares

163 Leitura numerológica para os outros

Fontes e referências 167
Índice 169

INTRODUÇÃO

E se eu dissesse que há uma ferramenta que pode ajudá-lo a entender as motivações de sua família, seus amigos e colegas de trabalho e a tornar todos os seus relacionamentos mais previsíveis? A mesma ferramenta pode servir de guia para que você use o poder de sua intuição e tenha mais confiança em todas as decisões e escolhas de sua vida.

A verdade é que essa ferramenta existe. Chama-se numerologia.

Podemos escolher viver de forma consciente ou inconsciente, esclarecida ou adormecida. A numerologia poderá fazer parte de um despertar espiritual, ajudando-o a entrar em contato com seu eu superior e seu verdadeiro propósito.

Descobri o poder da numerologia há mais de uma década, quando recebi minha primeira leitura numerológica. Foi como se eu tivesse ganhado um anel decodificador de minha personalidade e de minhas motivações. Finalmente entendi — e pude confirmar — por que eu era tão sensível, por que me sentia responsável por todos a minha volta e os tipos de confrontos que tive com professores e chefes. Logo após a leitura, comprei meu primeiro livro de numerologia.

Desde aquele dia, a numerologia mudou completamente a minha vida. Em meu dia a dia, o sistema me permite escolher datas, nomes, projetos e relacionamentos com mais confiança. Abandonei uma longa carreira empresarial. Foi assustador, para dizer o mínimo, mas o Universo tinha outros planos.

O que começou como uma diversão para entreter os amigos acabou se transformando em um novo trabalho. As leituras que, sem que pedissem, eu havia feito a amigos e conhecidos se transformaram em pedidos insistentes para a realização de novas sessões. Eles indicaram seus amigos e parentes. Novos clientes começaram a aparecer. Percebi, finalmente, o que tinha acontecido: eu havia me tornado uma numeróloga. Embora isso estivesse bem longe da carreira que eu havia imaginado para mim, eu a abracei.

Especializei-me, participei de *workshops* e devorei todos os livros que encontrei sobre o assunto para aprimorar-me em meu ofício. Enfim, decidi que já estava na hora de sair do armário metafísico. Nesse momento nasceu *The Joy of Numerology*, minha empresa de numerologia. Passei a última década realizando milhares de leituras para pessoas de todo o mundo. Cada leitura me traz novas revelações e aprofunda meu conhecimento numerológico. Por isso, por meio deste livro, quero compartilhar esse conhecimento com você.

Algumas pessoas ouvem a palavra "numerologia" e pensam em matemática complexa. Mas não se preocupe! O sistema requer apenas adições simples e a redução da soma a um só dígito; ensinarei isso mais adiante.

Precisaremos de sua data de nascimento e do nome registrado em sua certidão de nascimento. Esses fatores determinantes guardam o segredo para decifrar seu perfil principal, que inclui os seus números de alma, de personalidade e de destino e revelam seu carma. Durante o aprendizado, você entenderá todas as dádivas e os significados do dia de seu nascimento. As influências da sua data de nascimento são mágicas, reveladoras e precisas!

Aprender sobre si mesmo é fundamental. A partir daí, irei ajudá-lo a analisar sua família, seus amigos, parceiros e colegas de trabalho com base nos números das pessoas — e talvez você possa até mesmo fazer leituras numerológicas de desconhecidos (embora ninguém seja realmente desconhecido uma vez que você tenha seus números!).

Em pouco tempo você irá dominar o poder dos números, o que permitirá que todos os seus relacionamentos atuais ganhem com isso e que você se torne mais criterioso em relação à compatibilidade dos novos relacionamentos que vão sendo formados. Também vamos mergulhar fundo no momento (*timing*) e nos ciclos de seus anos, meses e dias pessoais, que servirão de guias para suas decisões e o ajudarão a planejar o futuro. Conhecer a numerologia é como aprender uma segunda língua. Uma vez fluente, toda a sua perspectiva será modificada.

Por fim, desmistificando esta arte para você (afinal, a numerologia é uma ciência), vamos explorar outras áreas metafísicas, como o tarô, a astrologia, o poder dos cristais e os ciclos lunares. Todas elas funcionam em conjunto, complementando-se umas às outras e oferecendo uma visão mais aprofundada da magia de sua vida.

O objetivo deste livro é ser acessível a qualquer um que esteja interessado em explorar e conhecer o mundo da numerologia. Caso você seja iniciante, o livro contém todas as informações essenciais. E caso você tenha mais experiência (ou seja um profissional), espero que o veja como um bom curso de atualização, com algumas novas percepções intrigantes.

Este livro é um guia minucioso dessa arte transformadora. Você aprenderá a interpretar os números, criar mapas básicos e entender as vibrações que compõem a energia de seus relacionamentos, de suas decisões e da vida cotidiana. Você está pronto?

Que sua aventura numérica comece!

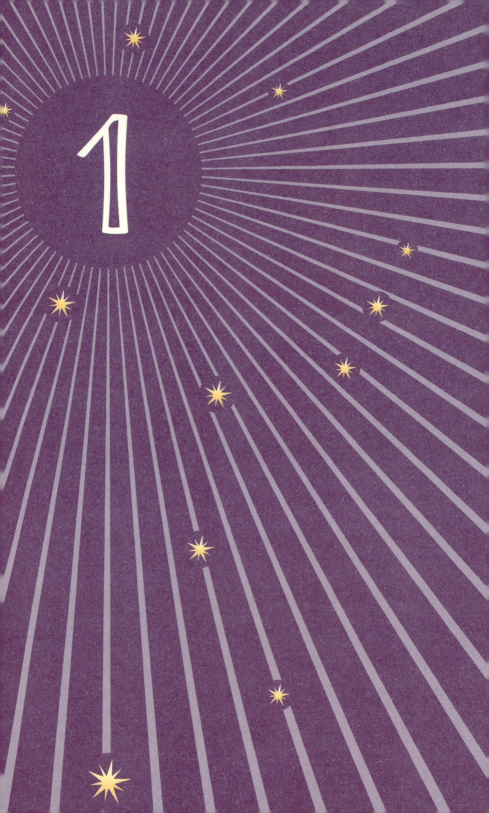

A HISTÓRIA POR TRÁS DOS NÚMEROS

O primeiro passo é entender o que a numerologia é. Qual é a origem dessa ciência numérica? Veremos uma breve história da numerologia, suas origens místicas, as ferramentas e formas de utilizá-la para examinar a si mesmo e as escolhas e motivações dos outros.

O que é numerologia?

A numerologia é o estudo da relação mística entre números e padrões numéricos. Por intermédio dela, você pode verificar o significado dos números (e das letras) em sua vida. É uma mistura intrincada entre ciência, mitologia e filosofia e um meio para decifrar o Universo e encontrar o objetivo de sua alma.

Por exemplo, com que frequência você, ou algum conhecido, costuma ver, repetidas vezes, os mesmos padrões numéricos — tais como 11:11, 444, ou o aniversário de algum membro da família? Esses números recorrentes guardam mensagens do Universo. A numerologia o ajudará a sintonizar-se com essas mensagens para que elas possam guiar sua vida para o cumprimento de seu potencial mais elevado.

Da mesma forma, cada número do calendário contém uma energia específica. Os números revelam temas vibracionais. Seja o 1º, o 15º ou o 22º dia do mês, e dependendo do ponto em que você se encontra em seu ciclo pessoal, cada data tem um tema e um padrão. À medida que o seu aprendizado sobre numerologia aumenta, você começa a notar que certos dias do calendário têm melhor sincronia com sua energia pessoal do que outros.

Os nomes também têm significados, e você aprenderá a interpretar o valor numérico das letras de seu nome de nascimento e de outros nomes para fazer novas descobertas.

Neste livro, iremos explorar alguns dos padrões numéricos mais comuns.

PARA QUE SERVE A NUMEROLOGIA?

A numerologia o ajuda a acessar seu potencial mais elevado. Em última análise, é um guia para entender melhor a si mesmo e aqueles ao seu redor, para explorar sua intuição, fazer escolhas mais inteligentes, maximizar seu potencial em determinados dias e em determinados anos, entender a compatibilidade com amigos e parceiros românticos, aproveitar momentos favoráveis e decidir quando agir e quando esperar. Com a numerologia, você poderá descobrir seus talentos e dons, entender os ciclos de sua vida, identificar lições cármicas e dívidas cármicas e aceitar as mudanças. Poderá ver revelados as características da personalidade e os potenciais obstáculos da vida para você e para os outros e descobrir os melhores caminhos a seguir.

A numerologia também pode ajudá-lo a ter um olhar *retrospectivo*. Ao refletir sobre os eventos de sua vida, a forma como eles ocorreram dentro de seus ciclos numéricos pode proporcionar clareza e razão a esses acontecimentos passados.

Saber quais experiências deverão ocorrer durante um determinado ano, mês ou dia torna mais fácil a navegação nesse ciclo de vida. Você poderá prever os próximos desafios, se preparar para eles e aproveitar oportunidades fabulosas e gratificantes.

PARA QUE *NÃO* SERVE A NUMEROLOGIA?

A numerologia não é uma bola de cristal. Lembre-se de que ela prevê *potenciais*. O resto é com você. A numerologia depende das altas e baixas vibrações dos números envolvidos, e suas recompensas estão diretamente correlacionadas aos seus esforços. Ela não o fará ganhar na loteria (embora muitas pessoas escolham seus "números da sorte" com base em aniversários e datas significativas). Ela não irá prever a hora ou a data de sua morte (embora possa revelar possíveis problemas de saúde e potenciais ciclos dolorosos na vida).

A numerologia oferece uma estrutura, mas há sempre o envolvimento do livre-arbítrio e da escolha, bem como fatores ambientais que estão fora de nosso controle.

A antiguidade de suas origens

Embora a palavra *numerologia* não tenha surgido antes do início do século XX, evidências da crença no significado metafísico dos números

— geralmente referidos como "a ciência dos números" — podem ser encontradas ao longo da história.

O filósofo grego Pitágoras (veremos mais sobre ele a seguir) é reconhecido como "o pai da numerologia". No entanto, a relevância numérica pode ser observada ao longo da antiguidade egípcia, babilônica, asiática e indiana, bem como em muitas referências bíblicas. Desde que os números foram criados, diversas culturas têm dado significado a eles. Isso continua a ocorrer atualmente.

PITÁGORAS

Antes de Sócrates, Aristóteles e Platão, viveu Pitágoras, o filósofo e místico grego. Suas ideias originais compõem a base da matemática, da astrologia, da astronomia e da física e incluem a metafísica dos números — o método de enxergar os números não apenas como quantidades e medidas, mas como frequências de vibração. Seus ensinamentos revelaram que a realidade, a música e a natureza são, de fato, objetos matemáticos.

Parte do que sabemos sobre Pitágoras é lenda, e a outra parte, contação de histórias. Não havia nada registrado sobre ele; os relatos em primeira mão foram repassados apenas por meio do registro verbal. Ele é reconhecido por descobrir a ciência do tom musical, a harmonia, a escala musical, desenvolver o teorema de Pitágoras, a doutrina dos opostos e, claro, a numerologia.

NUMEROLOGIA PITAGÓRICA

Pitágoras desenvolveu o conceito de que cada número, independentemente de sua magnitude, pode ser sempre reduzido a um único dígito de 1 a 9, e que cada dígito reduzido tem uma vibração cósmica singular. Ele aplicou isso às fases do ciclo da vida humana com uma precisão assustadora. A numerologia pitagórica é a principal forma de numerologia praticada no Ocidente.

Entre outras formas de numerologia há o sistema caldeu — o mais antigo. Originou-se na Babilônia e baseia-se nos números de 1 a 8. Nesse sistema, o número 9 é considerado sagrado, por isso se mantém separado de outras vibrações (exceto quando resulta da soma).

O sistema da Cabala, que tem origem no misticismo hebraico, se concentra apenas em nomes e é baseado em 22 vibrações diferentes do alfabeto hebraico. Um sistema chamado de nova Cabala foi adaptado ao alfabeto romano de 26 letras e se utiliza da tabela numérica de Pitágoras. Esse sistema não considera a data de nascimento, motivo provável pelo qual não ganhou popularidade entre os numérologos ocidentais, uma vez que a data de nascimento é fundamental para a numerologia ocidental.

NUMEROLOGIA PARA O SÉCULO XXI

A senhora Dow Balliett, de Atlantic City, é reconhecida por ter introduzido a numerologia moderna no mundo ocidental. Ela fez parte do movimento Nova Era (*new age*) do início dos anos 1900 e disseminou as teorias da espiritualidade, da iluminação e da análise da personalidade fundamentada em números. A base de seus ensinamentos excepcionais era a teoria pitagórica da numerologia.

A senhora Balliett influenciou de forma significativa a doutora Julia Seton, que popularizou esse sistema e lhe deu seu nome moderno: numerologia. A doutora Seton era palestrante internacional do Movimento Novo Pensamento (*New Thought*) e viajou para muitos países a fim de ensinar a ciência dos nomes e dos números. Sua filha, a doutora Juno Jordan, deu continuidade ao seu legado.

A doutora Jordan era dentista, mas seu profundo interesse por metafísica e espiritualidade a levou, no final da década de 1950, a abandonar seus instrumentos odontológicos e fundar o Instituto de Pesquisa Numérica da Califórnia. Durante 25 anos, ela e seus colegas testaram teorias e padrões numéricos. Sua conclusão, "NUMBERS DO NOT LIE" (NÚMEROS NÃO MENTEM), é uma afirmação profunda de que os números revelam o caráter e os acontecimentos da experiência humana com precisão infalível.

Essas três mulheres tiveram um profundo impacto na numerologia moderna. Elas definiram, estruturaram e proporcionaram beleza a uma ciência que continua a crescer e evoluir.

As vibrações dos números

O inventor, engenheiro e futurista Nikola Tesla afirmou: "Caso você queira descobrir os segredos do Universo, pense em termos de energia, frequência e vibração".

Vibração é o fundamento para o entendimento dos traços positivos e negativos dos números.

A teoria de Pitágoras sobre a vibração é a de que cada objeto e cada pessoa contêm uma força espiritual — um poder primitivo invisível do qual nascem seu impulso (seu momento) e sua ação. Quanto maior a força espiritual, mais positiva a energia ou a experiência; quanto menor a força, mais negativa a energia. Você sente essas vibrações todos os dias. Ter uma química intensa com outra pessoa ou sentir uma forte aversão a uma situação são vibrações. Você provavelmente já ouviu a expressão "your vibe attracts your tribe" [sua vibração atrai sua tribo]. Essa vibração também está inscrita em nossos números e em nossa linguagem.

Cada número tem uma vibração específica, incluindo características e sombras. Ter uma compreensão completa dos números de 1 a 9 e dos números mestres 11, 22 e 33 é a base para toda leitura numerológica.

A forma dos números e suas "linhas de fluxo" também geram informações vibracionais e significados. Por exemplo, o número 3 é a sorte, pois se assemelha a duas ferraduras. A energia do 6 é o cuidado com os outros, pois se assemelha à barriga de uma mulher grávida, que representa a família. O 9 é o sábio, com o círculo no topo formando uma cabeça repleta de sabedoria.

INTUIÇÃO

Você não precisa ser sensitivo, intuitivo ou clarividente para usar a numerologia, embora a intuição aprimorada seja um dos efeitos colaterais positivos do aprendizado desta ciência antiga.

A numerologia exercita os músculos da intuição, que se torna mais forte quanto mais esses músculos são usados. Com o tempo, você poderá sentir as linhas de fluxo e as vibrações dos números e receber mensagens de suas formas e de seu simbolismo. Poderá sentir também sua intuição atuando como guia e aprender a confiar nela enquanto navega pela vida.

Ao começar a usar a numerologia, você precisará afastar a imaginação e o ego de sua intuição. As vozes em nossas cabeças podem ser tão altas a ponto de abafar a voz interna da intuição. Quanto mais seu ego estiver fora do jogo, mais claramente você será capaz de ouvir as mensagens da numerologia.

Uma vez que você se encontre no fluxo e em sintonia com as vibrações, com a energia e sua própria intuição, a numerologia poderá se tornar tão precisa a ponto de se transformar em um grande poder.

Uma última palavra sobre intuição: lembre-se de usá-la com responsabilidade. O fato de você acreditar que sabe algo não significa que esse algo precisa ser verbalizado. Use a compaixão e a sensibilidade: se o que deriva de sua intuição não é algo generoso ou se desrespeita os valores do outro, é melhor não dizer nada.

Uma ciência inclusiva

A numerologia se aplica a todos: todos nós temos um nome e uma data de nascimento que podem ser analisados e decifrados no que se refere aos aspectos ocultos de nossa vida. Todos nós podemos identificar padrões numéricos em nossa vida. A beleza da numerologia está no fato de que você pode utilizá-la independentemente de sua idade, de sua localização, raça, etnia, expressão de gênero, habilidade ou sexualidade. Ela é universal e está disponível para que você acesse seu poder!

A HISTÓRIA POR TRÁS DOS NÚMEROS 21

Você precisa apenas ter o desejo de aprender, uma atenção nos números, sua própria intuição e uma dose saudável de curiosidade.

AMIGOS E FAMÍLIA

Um dos aspectos mais emocionantes da numerologia é aprender mais sobre seus amigos e familiares. Realizar leituras para os outros e observar como os números se enquadram às pessoas mais próximas são ações que ajudam a entender melhor as personalidades, as escolhas e os comportamentos. Ter acesso a essas informações preciosas leva a interações mais bem-sucedidas e satisfatórias com as pessoas que você já conhece — e permite que você analise sua compatibilidade com aqueles que acaba de conhecer. Você poderá se sintonizar com as vibrações altas e baixas à medida que conhecer novas pessoas, o que permitirá que tome decisões embasadas e intuitivas sobre a forma como você as deixará entrar em sua vida.

Os relacionamentos são nossos melhores espelhos, pois refletem nossos comportamentos e padrões. Realizar leituras para os outros pode ser uma das maiores oportunidades de conscientização pessoal, de crescimento e cura. Na família, vocês fizeram a escolha de reencarnar juntos, objetivando o crescimento e a evolução de suas almas. Juntos, suas maiores lições ganharão destaque e serão reveladas.

Fica o alerta: assim que começar a compartilhar sua prática numerológica com os outros, você provavelmente será recebido com uma mistura de ceticismo e hesitação. Alguns podem se sentir violados após uma leitura, ficar na defensiva e insistir em afirmar que você está errado. Podem até tentar desconsiderar toda a ciência por trás da numerologia. Outros irão procurá-lo com datas de nascimento extraídas de perfis de sites de encontro e pedir que você faça previsões sobre compatibilidade. Aceite apenas o que lhe parecer correto. A numerologia é uma ciência, mas também é uma prática espiritual profunda, e não algo de que se deva tirar proveito. Proteja sempre sua energia intuitiva!

As ferramentas da numerologia

As únicas ferramentas de que você irá precisar para utilizar este livro são caneta, papel e alguém disposto a compartilhar a própria data de nascimento e o nome registrado na certidão.

Para mim, o que melhor funciona é fazer os mapas à mão (sem calculadoras) para sentir as linhas de fluxo e as formas dos números. Isso ajuda a receber mensagens intuitivas. Pratique à mão no começo. Em algum momento, você acabará encontrando o estilo e o método que funcionam melhor para você.

Você também precisará confiar em seu senso inato de ética. No início da minha carreira em numerologia, tive conflitos éticos por conta de revelar muita informação sobre alguém que não dera consentimento para a leitura. Eu sempre uso a intuição para orientar quais informações devo repassar aos outros: o que é relevante e o que é melhor não ser dito. Deixe sua intuição ser o seu guia, seu barômetro ético e um veículo de compaixão. Se fizer isso, suas leituras serão memoráveis.

É hora de compreender os conceitos, a matemática e a ciência da numerologia. Começaremos construindo seu mapa pessoal. Você nunca mais verá seu mundo da mesma forma.

O SEGREDO POR TRÁS DE SEU ANIVERSÁRIO

Você veio a este mundo como uma alma sem memória de suas encarnações anteriores. Com a ajuda de seus guias espirituais pessoais, você fez um pacto que eu chamo de *contrato de alma*. Esse contrato foi cuidadosamente negociado para lhe proporcionar as lições e experiências que sua essência almeja e para ajudá-lo a alcançar o crescimento máximo e a evolução de sua alma em sua estada aqui na Terra. Seus relacionamentos significativos, suas experiências, os eventos da vida e as circunstâncias foram escolhidos especificamente para você. Esse contrato contém a hora e a data específica de seu nascimento e dita um destino que pode ser revelado pela numerologia.

No âmbito desse contrato, são mantidos o livre-arbítrio e a escolha pessoal — você pode desenvolver seu potencial ou evitar a ação e abandonar sua missão. Você tem a chance de corrigir erros do passado e resolver relacionamentos cármicos, ou seja, relacionamentos com pessoas com quem você tem assuntos mal-resolvidos de vidas passadas (para identificar os relacionamentos cármicos por dívida cármica compartilhada e lições cármicas, consulte a página 28). Alguns de nós alcançam o objetivo da alma, alguns fazem desvios, e outros precisam tentar novamente na próxima vida.

Há muito para decifrar dentro de seu contrato de alma. Começaremos com os segredos que seu aniversário pode revelar. Sua data de nascimento revela dois números guias: seu número de aniversário e o número do caminho de vida. Anote seus números conforme formos trabalhando com seu perfil numérico nas seções seguintes. No final do capítulo 3, você terá todos os números de seu perfil principal.

Vamos começar!

Seu número de aniversário

Em numerologia, trabalhamos com base no pressuposto de que a data de nascimento é escolhida pela alma, a qual lhe oferece dons, ferramentas e lições necessárias para o cumprimento de seu destino. Não há como exagerar a importância do número de seu aniversário. Esse número oferece informações sobre quem você é, sobre seus talentos e seu objetivo maior. Seu número de aniversário lhe traz um dom, ou um talento especial, que gera grande impacto em sua vida.

CÁLCULO DE SEU NÚMERO DE ANIVERSÁRIO

Seu número de aniversário é a soma dos dígitos do dia em que você nasceu. Este é o cálculo mais fácil da numerologia. Se o dia do seu aniversário tem apenas um dígito (por exemplo, se você nasceu no 2º dia do mês), então, não há mais o que fazer. Ou seja, seu número de aniversário é 2 e não é necessário reduzi-lo. Se for um dia de dois dígitos, por exemplo, 12, basta ir somando os dois números até obter um número com um único dígito. Por exemplo:

Se o seu aniversário for no dia 12, 1 + 2 = 3. Seu número de aniversário é 3.

Se o seu aniversário for no dia 20, 2 + 0 = 2. Seu número de aniversário é 2.

Se o seu aniversário for no dia 28, 2 + 8 = 10; 1 + 0 = 1. Seu número de aniversário é 1.

Somar e reduzir a um único dígito — chamado número raiz — é onde a magia acontece na numerologia pitagórica.

Se o seu aniversário cair no dia 11, 22 ou 29 (2 + 9 = 11), você não deve reduzir o número a um único dígito. Esses são números mestres e permanecerão potentes do jeito que estão.

Depois de obter o seu número de aniversário, anote-o em um caderno ou em uma folha de papel. Iremos construir seu perfil principal a partir daqui.

NÚMEROS MESTRES

Os números mestres são uma bênção e um fardo. As pessoas nascidas com números mestres recebem dons e talentos extras, que trazem lições mais difíceis e expectativas maiores. Os obstáculos que essas pessoas devem superar são maiores do que os das pessoas com números de aniversário entre 1 e 9.

Para todas as oportunidades e prováveis potenciais, há uma perspectiva igual para o engano, a dualidade e o mal. A história está repleta de exemplos de ambos, de presidentes e ditadores a missionários famosos e supervilões declarados.

Do ponto de vista da compatibilidade, duas pessoas com números mestres terão uma compreensão instantânea uma da outra em um nível vibracional profundo.

Dívida cármica

Praticamente todos os mapas têm um carma, seja na forma de dívida cármica ou de lições cármicas. A dívida cármica baseia-se nas decisões que tomamos em um ciclo de vida anterior. Os quatro números que representam a dívida cármica são 13, 14, 16 e 19. A dívida cármica pode se aplicar a qualquer um dos números em seu perfil (incluindo o número do caminho de vida, o número de aniversário, o número de destino, o número de alma ou o número de personalidade — adiante, falaremos mais sobre os outros!).

Você tem dívidas cármicas?

É possível descobrir a dívida cármica por meio da soma total de um número antes de sua redução. Se esse número for 13 (reduzido a 4), 14 (reduzido a 5), 16 (reduzido a 7) ou 19 (reduzido a 1), você tem uma dívida cármica.

Esses quatro números são sempre escritos como frações para mostrar o total antes da redução a um único dígito:

13/4

14/5

16/7

19/1

Caso um desses números seja o total de sua soma, sempre escreva o número como uma fração para revelar a dívida a ser paga. Por exemplo, quem nasceu no 16º dia do mês sabe que carrega uma dívida cármica de 16/7 no perfil de seu número de aniversário.

16 de outubro de 2012, 16 + mês 10 (1 + 0 = 1) + 2012

Número do caminho de vida: 16/7 + 1 + 5 = 13/4

Essa pessoa tem duas dívidas cármicas: 16/7 e 13/4.

O 10 também é um número cármico, mas não representa uma dívida a ser paga. Na verdade, indica um carma pago integralmente e uma vida com uma ficha limpa!

Significado das dívidas cármicas

O 1 em todos os números de dívida cármica representa o "eu", o que significa que você foi egoísta em uma vida anterior. O segundo número fala sobre o objeto de seu egoísmo. Veja uma rápida discriminação:

13/4 — As lições contidas neste número são transferências da preguiça em uma vida passada. Agora você precisa aprender as lições do trabalho duro, da disciplina e da superação da procrastinação. Assim que você conseguir provar ao Universo que é capaz de completar algo que começa, o Universo irá parar de testá-lo, e a vida se tornará mais fácil. O trabalho duro e sua conclusão serão bem recompensados.

14/5 — Essa dívida origina-se de sua indulgência excessiva e do abuso dos prazeres em uma vida passada. Esse número rege os vícios, por isso é muito importante evitar substâncias e comportamentos viciantes. Você também pode aprender esta lição por uma perspectiva diferente, amando profundamente alguém com vícios graves. Sua lição será a moderação.

16/7 — Essa dívida cármica surge da irresponsabilidade com o amor em uma vida passada; carrega os crimes passionais. As pessoas com essa dívida cármica costumam ter dificuldade para se comunicar e para ser honestas com quem amam. Tendem a guardar segredos, o que pode ser prejudicial aos relacionamentos e, muitas vezes, leva à separação ou ao divórcio. A lição é superar o ciúme e almejar uma comunicação franca e honesta.

19/1 — Este número aparece apenas nas almas muito antigas que, de forma épica, abusaram de seu poder em vidas passadas (pense em figuras corruptas do alto escalão militar, real ou político). Essa dívida cármica leva a problemas com figuras de autoridade. Começa com seus pais e depois passa para seus professores e, por fim, seus chefes. Em resumo, você não se dá bem com os outros. Se você conseguir aprender a defender os oprimidos ou se tornar alguém que exponha práticas corporativas duvidosas, por exemplo, será capaz de desfazer esse carma.

Se você tem uma dívida cármica, *pode* cumprir suas obrigações com o banco cósmico. Você será continuamente testado e se encontrará cada vez mais nas mesmas situações até aprender a lição e pagar sua dívida.

O significado de seu número de aniversário

A vibração do número de aniversário é uma das energias mais fáceis de captar no outro. Esse número revela um talento especial e uma lição. Há certa variação no número de aniversário com base no número original, o que significa que alguém nascido no 7º dia do mês terá uma personalidade ligeiramente diferente de alguém nascido no 16º ou no 25º, ainda que haja um tom comum às suas experiências, aos seus talentos e às suas preferências.

NÚMERO DE ANIVERSÁRIO 1

Você é independente, competitivo e um líder nato. Cheio de ideias originais, gosta de se destacar. Você toma a iniciativa e é capaz de deixar as pessoas empolgadas. Também pode ser teimoso, egoísta e temperamental. Sua grande lição é aprender sobre limites, compartilhamento e trabalho em equipe.

NÚMERO DE ANIVERSÁRIO 2

Gentil, paciente, sensível e altamente intuitivo, você trabalha melhor em dupla do que sozinho. Prefere trabalhar em equipe, é atencioso e solidário. Você não busca ser o centro das atenções. Sua lição é aprender a se defender.

NÚMERO DE ANIVERSÁRIO 3

Você é amigável e enérgico, e sua criatividade não tem limites. Você é muito sociável e alegre, é a alma da festa. Sua lição é aprender a administrar suas emoções e parar de buscar gratificações instantâneas.

NÚMERO DE ANIVERSÁRIO 4

Você é pragmático, confiável, trabalhador, honesto e justo. É organizado e rápido. Gosta de ter um plano e quer sempre saber o que lhe espera. Sua lição é aprender a deixar de controlar. A dívida cármica 13/4 irá incentivá-lo a enfrentar a procrastinação.

NÚMERO DE ANIVERSÁRIO 5

Um senso de aventura é seu cartão de visitas, e o tédio é seu calcanhar de Aquiles. A vida precisa ser interessante ou você vai embora e muda de caminho. Você é engenhoso, aprecia as mudanças e pode ser impulsivo. Sua lição é aprender a assumir responsabilidades. A dívida cármica 14/5 irá convidá-lo cada vez mais a lutar e derrotar os vícios e o excesso de indulgência.

NÚMERO DE ANIVERSÁRIO 6

Você é responsável e voltado para a família. Ama os animais. Lealdade, perfeccionismo e consideração fazem parte de sua natureza (embora tenda a se intrometer em assuntos que não lhe dizem respeito). Você aprenderá as lições de sobreviver à traição e cuidar da própria vida.

NÚMERO DE ANIVERSÁRIO 7

Você analisa demais as coisas, tenta encontrar um significado profundo em tudo o que faz e está sempre aprendendo e lendo. Adora uma boa teoria da conspiração. É indiscreto, porém radicalmente reservado em relação à própria vida. Você precisa do que pode parecer uma quantidade exagerada de sono e é muito curioso, chegando a ser intrometido, às vezes. Sua lição é aprender a trabalhar com os outros de uma forma altruísta. A dívida cármica 16/7 terá muitas lições para lhe ensinar enquanto você lidar com o amor.

NÚMERO DE ANIVERSÁRIO 8

O sucesso é importante e acessível a você. Adora carros chiques, rótulos caros e qualquer coisa de boa marca. Sua lição é encontrar o equilíbrio entre o espiritual e o material e aprender a ter paciência e ser leal. Nem sempre será necessário, para você, aprender da maneira mais difícil.

NÚMERO DE ANIVERSÁRIO 9

Você é generoso, criativo, sensível, tolerante, tem a mente aberta e usa uma abordagem singular para resolver problemas. É humanitário e tem o desejo de fazer do mundo um lugar melhor. Preste atenção para não ser visto como um sabe-tudo ou alguém condescendente. Sua lição é aprender a arte do perdão e do desapego.

NÚMERO MESTRE 11 (SEU ANIVERSÁRIO É NO 11° OU NO 29° DIA DO MÊS)

Seus dons intuitivos são abundantes. Você é gentil e pacificador. É capaz de detectar tendências e ultrapassar limites. Você também pode ser manipulador e inclinado a extremos. Sua lição é aprender a ter determinação e não desistir de seus sonhos.

NÚMERO MESTRE 22 (SEU ANIVERSÁRIO É NO 22° DIA DO MÊS)

Você é um construtor mestre. Grandiosidades originais foram realizadas por este número de aniversário! Talvez você seja o mais jovem ou o primeiro a alcançar um grande marco. Você pensa fora da caixa e tem uma inspiração genuína. É poderoso e sempre tem o potencial de abusar desse poder. Suas lições envolvem seu ego.

Como tratar o zero?

Você irá se deparar com zeros nos números de aniversário e em outros números em seu perfil principal antes da redução para o número raiz. Zeros são importantes porque são amplificadores. A maneira mais fácil de entender o zero, também chamado de *cipher* (cifra) em inglês, é observá-lo segurando um espelho até o número que vem antes dele. Ele irá amplificar e intensificar as características, ampliando sua energia.

Por exemplo, se você nasceu no dia 20, o zero aumentará todas as características do 2, as boas e as ruins. Sua sensibilidade e a necessidade de agradar podem ser fortes. É possível que você tenha até mesmo alergias alimentares ou pele sensível e talvez tenha mais dificuldade em se defender.

O número de seu caminho de vida

Seu número do caminho de vida revela o caminho especial que você navegará nesta vida. O caminho de vida é o número mais importante em seu perfil principal, pois revela talentos naturais e habilidades, personalidade e oportunidades únicas, bem como lições importantes que o ajudarão a alcançar seu destino. Revela ainda mais sobre sua verdadeira natureza do que qualquer outro número. O caminho de vida oferece um desenho esquemático de suas oportunidades e seus desafios nesta jornada.

CÁLCULO DO NÚMERO DE SEU CAMINHO DE VIDA

Os numerólogos usam vários métodos diferentes para calcular o número do caminho de vida. Uns métodos são mais simples do que outros, e alguns podem mostrar números mestres e dívidas cármicas falsos. Para evitar essas armadilhas e manter as coisas simples, eu primeiro somo individualmente os números do dia, do mês e do ano da data de nascimento. Em seguida, somo os três dígitos já reduzidos.

Dia + Mês + Ano = Número do caminho de vida

Em seus cálculos, use os meses do calendário na forma numérica:

Janeiro – 1

Fevereiro – 2

Março – 3

Abril – 4

Maio – 5

Junho – 6

Julho – 7

Agosto – 8

Setembro – 9

Outubro – 10 (reduz para 1 + 0 = 1)

Novembro – 11 (número mestre)

Dezembro – 12 (reduz para 1 + 2 = 3)

Vejamos o exemplo do nascimento em 31 de outubro de 1973.

DIA: *31 (3 + 1 = 4), então o número de aniversário é 4.*

MÊS: *Outubro é o 10º mês do calendário (1 + 0 = 1), então o mês terá o número 1.*

ANO: *1973 (1 + 9 + 7 + 3) = 20 (2 + 0) = 2, então o número do ano é 2.*

O número do caminho de vida é dia + mês + ano:

4 + 1 + 2 = 7

Vejamos outro exemplo que envolva números mestres: 29 de novembro de 1972.

DIA: *29 (2 + 9 = 11). 11 é um número mestre, então não o reduzimos. O número de aniversário é 11.*

MÊS: *Novembro é o 11º mês do calendário. 11 é um número mestre, então não o reduzimos. O número do mês é 11.*

ANO: *1972 (1 + 9 + 7 + 2) = 19 (1 + 9) = 10 (1 + 0) = 1, então o número do ano é 1.*

O número do caminho de vida é o resultado da soma do dia + mês + ano:

$$11 + 11 + 1 = 23 \ (2 + 3) = 5$$

Depois de calcular seu número do caminho de vida, anote-o abaixo de seu número de aniversário.

O significado de seu número de caminho de vida

O número de caminho de vida pode mostrar mais informações sobre uma pessoa do que qualquer outro número.

Seu número de caminho de vida revela onde você poderá encontrar seu sucesso, seu poder e sua energia. Ainda mais importante, ele também mostra o lado sombrio de sua personalidade e revela motivações ocultas. Se você se sintonizar com seu número, ele poderá guiá-lo em uma carreira satisfatória que utilize suas capacidades e seus talentos inatos, bem como levá-lo a fruir de relacionamentos espiritualmente gratificantes e de uma consciência mais elevada de si mesmo. Essas descrições também oferecem *insights* sobre os outros números de seu perfil principal. O posicionamento de cada número também afeta o significado.

ENERGIA E CAMINHO DE VIDA DO 1

É um líder nato, repleto de pensamentos originais, invenções, ideias e visões. Embora seja fabuloso em dar início às coisas, não é tão bom em fazê-las chegar ao fim. Certos detalhes tediosos podem o levar à perda de interesse.

Nos relacionamentos, é importante que mantenha sua independência, mas também gosta de se sentir necessário. Gosta de estar no comando — no entanto, é importante fazer um esforço para não se tornar arrogante e egoísta.

É visto como alguém capaz e confiante; no entanto, luta contra seus pensamentos desmotivadores. Lembre-se de ter calma consigo mesmo ou acabará obstruindo sua capacidade de progredir e alcançar seus objetivos.

É muito importante que se esforce para desenvolver uma consciência de si mesmo para que possa reconhecer suas lições e, de forma intencional, melhorar a própria vida e seus relacionamentos.

Quando se trata da carreira, muitos indivíduos que têm o número 1 são empreendedores ou chefes; eles não gostam que lhes digam o que fazer. São extremamente competitivos, e isso os ajuda a chegar ao topo. Muitos atletas profissionais de sucesso e atletas olímpicos têm esse número no caminho de vida. Sem uma válvula de escape, sua energia competitiva pode se tornar agressiva e destrutiva. Quem tem esse número deve aprender a manter seu temperamento sob controle. A gratificação instantânea e os resultados imediatos são o que o motivam, e isso pode torná-lo impulsivo e desatencioso com os outros.

O 1 costuma ter problemas de saúde relacionados ao sistema digestivo. Também pode sofrer de enxaquecas, ter vícios e problemas relacionados ao estresse, como dor no ombro e nas costas.

A linha reta que cria o formato do 1 representa os limites que precisa desenvolver. Também mostra como o 1 é único: um indivíduo solitário lutando para chegar ao topo.

Famosos com o número 1: Justin Bieber, Tom Cruise, Lady Gaga, David Letterman, Jack Nicholson e Tiger Woods.

ENERGIA E CAMINHO DE VIDA DO 2

Bondade, diplomacia e cooperação são traços fortes do 2. É o mais paciente de todos os números e é extremamente sensível, perceptivo e emotivo. Suas emoções podem mudar do choro para a gargalhada em um instante. Unidos à sua sensibilidade surgem dons intuitivos genuínos — tem uma habilidade inata de sentir as emoções dos outros. No entanto, precisa certificar-se de não estar sacrificando suas opiniões e seus sentimentos ou fazendo concessões apenas para manter a paz, pois isso pode gerar mágoas.

Nos relacionamentos, sua natureza paciente e conciliadora pode atrair pessoas inadequadas em vez de um par maduro e apropriado. Não é provável que fique solteiro por muito tempo, e até pode se tornar um namorador contumaz, passando de um relacionamento para outro. Sente-se muito mais à vontade como parte de um casal do que sozinho.

Tem uma habilidade inata para a negociação e a mediação. Já que costuma ser o "poder por trás do trono", nem sempre recebe o crédito ou o reconhecimento que merece. É possível que se preocupe muito com o que as pessoas pensam. Encontrará sucesso em carreiras que lhe permitam ajudar os outros — em áreas que envolvam mediação, ensino ou aconselhamento. O número 2 também tem um bom gosto excepcional, que pode ser aplicado no trabalho de *design* ou em uma carreira nas artes. Também pode exercer suas fortes habilidades de negociação e inteligência na política ou no direito.

A sensibilidade do 2 se estende a todos os tipos de alergênicos, incluindo alimentos, produtos para pele e cabelo, poeira, produtos químicos, farmacêuticos, etc. Outros problemas de saúde podem incluir ansiedade incapacitante, depressão e problemas estomacais.

A forma do 2 é curvilínea e comprometedora, mostrando que precisa aprender a se defender.

Famosos com o número 2: Kathy Bates, Angela Bassett, Tony Bennett, Mariah Carey, Jennifer Lopez e Vera Wang.

ENERGIA E CAMINHO DE VIDA DO 3

O 3 ama os holofotes! É a alma da festa — popular e muito sociável. A energia do 3 governa a expansão (quando uma história é contada a um 3, ele sempre a aperfeiçoa ao recontá-la — usando a exuberância, sotaques e definitivamente algum exagero). Seu otimismo e seu entusiasmo são contagiosos. Precisa de uma válvula de escape para sua energia criativa; caso contrário, ela será perdida na forma de energia emocional.

Seus sentimentos podem ser facilmente feridos, especialmente com palavras. Isso é irônico, pois tem uma língua muito afiada e raramente sofre para se expressar. Na verdade, deve tomar cuidado para não se tornar atrevido, cínico ou mal-humorado. Lembre-se de que suas palavras podem machucar os outros, então use-as com moderação. Pode ser muito duro consigo mesmo e, muitas vezes, ser autodepreciativo. Usa o dom do humor para mascarar sentimentos feridos e esconder inseguranças, mas essa ferramenta de enfrentamento pode ser mais transparente do que imagina.

Em geral, seus relacionamentos mais importantes precisam de um pouco mais de reciprocidade de sua parte. Procure fazer com que as pessoas próximas se sintam mais valorizadas.

Os dons profissionais do 3 estão no campo criativo. Músico, ator, artista, dançarino, escritor e *chef* de cozinha são apenas algumas opções de carreira em que pode se destacar. Com uma vibração baixa, pode desprezar a responsabilidade, ser desorganizado e deixar-se levar por uma mentalidade de vítima, ressentindo-se de qualquer um que roube seus holofotes. Quando a vibração está alta e expressando o lado positivo, pode ser uma força inspiradora, animando as pessoas e trazendo alegria a todos em seu entorno.

Em termos de saúde, tem a capacidade de ganhar e perder peso rapidamente, às vezes, em uma velocidade alarmante. A maioria dos indivíduos de número 3 é dotada de boa aparência natural e tem um belo sorriso. Seus problemas de peso, suas mudanças de humor e os distúrbios endocrinológicos geram preocupações de saúde e devem ser monitorados.

O número 3 se parece com um par de ferraduras e é considerado o número que mais traz sorte. Nunca menospreze sua boa sorte!

Famosos com o número 3: Christina Aguilera, Alec Baldwin, David Bowie, Jackie Chan, Katie Couric, Cameron Diaz, Joan Rivers e Reese Witherspoon.

ENERGIA E CAMINHO DE VIDA DO 4

É um planejador pragmático que sempre lê as instruções e está sempre preparado. É confiável, dedicado e rápido. Surpresas e mudanças são sua criptonita. Deseja controlar os resultados; entretanto, é preciso aprender a administrar e abraçar a mudança e confiar nas forças invisíveis da vida. No fundo, é um pessimista; mesmo em um belo dia, aponta para as nuvens ao longe e leva seu guarda-chuva.

Protege-se por meio de limites fortes, mas é importante aprender a ser mais flexível e a aceitar a ajuda dos outros. Seu lado pragmático nem sempre permite que cuide de si mesmo, esbanje ou experimente o lado extravagante da vida.

Apesar de sua disciplina, a procrastinação pode ser um problema para você, especialmente se for um 13/4 com dívida cármica (ver página 28). Estes podem ser o oposto dos disciplinados e daqueles que querem controlar tudo e todos. Com uma vibração baixa, pode ser muito calculista e manipulador. Procure manter seu ego sob controle.

É naturalmente amigável, mas tende a não deixar os outros se aproximarem muito. É importante mostrar vulnerabilidade para desenvolver relações próximas. Quando a honestidade é o seu padrão, as pessoas sabem que você é confiável.

O 4 tende a encontrar sucesso em áreas como educação, negócios, saúde, administração, construção, política e contabilidade. Este é o número do construtor. Uma base sólida e uma boa reserva financeira são tudo de que você precisa para se sentir seguro e feliz.

Problemas de saúde relacionados ao estresse são comuns ao 4, incluindo dor nas articulações, enxaquecas, desconforto intestinal, problemas nas costas, transtorno obsessivo-compulsivo e hipocondria.

Quanto a sua forma, o 4 é inteiramente composto de linhas retas, o que representa a necessidade de manter a ordem e a eficiência. Lembre-se de ser mais flexível.

Famosos com o número 4: Kate Hudson, Will Smith, Chris Tucker, Bill Gates e Usher.

ENERGIA E CAMINHO DE VIDA DO 5

Aperte o cinto! A vida do 5 é um passeio emocionante e imprevisível. Impulsivo e sempre pronto para qualquer coisa, gosta de aventura, liberdade e viagens. As regras não são mais do que uma sugestão para você, por isso, tende a quebrá-las e desconsiderá-las sempre que assim deseja. O tédio pode levá-lo ao escapismo, que pode rapidamente torná-lo autodestrutivo. Caso seja um 14/5, poderá travar lutas com vários vícios, tanto os seus como os das pessoas que ama. Você está mais interessado em gastar seu dinheiro em viagens e experiências do que em coisas materiais. É possível que seja uma fonte de preocupação para sua família.

Quando se trata de relacionamentos, além de ser um pouco difícil de forçá-lo a tomar uma decisão, luta contra o compromisso. É sensual e precisa de variedade e estímulos constantes. É capaz de assumir um compromisso e ser fiel, desde que tome a iniciativa. Evite se casar jovem, pois esse acordo irá provavelmente acabar mal.

Seus talentos são diversos, e será bem-sucedido em quase tudo que lhe interessar. Tem visões progressistas e é o primeiro a abraçar novas ideias. Adapta-se facilmente, por isso, a área de tecnologia pode ser uma excelente escolha de carreira.

É um contador de histórias nato e consegue motivar e inspirar os outros. É capaz de vender quase tudo com seu charme e simpatia. Essas características podem levá-lo a uma carreira em publicidade ou marketing, a um trabalho em uma *start-up* ou como *hair stylist*. O 5 costuma ser atraído por profissões que usam uniformes, como segurança, polícia, piloto ou comissário de bordo. Muitos também trabalham com hotelaria. E há sempre o trabalho autônomo; assim, ninguém pode atrapalhar seu estilo ou questionar suas férias! Você também tem uma aptidão inata para línguas.

Se tiver uma vibração baixa, terá uma tendência a ser reconhecido por ideias ou trabalhos que não são seus. Isso pode prejudicar sua reputação e fazer com que as pessoas se ressintam de você. Suas lições situam-se no campo do trabalho duro, da perseverança e do reconhecimento às pessoas devidas.

O 5 tem propensão a problemas emocionais, vícios, fadiga adrenal e dor nas articulações. Lembre-se de beber bastante água — o 5 se desidrata com facilidade.

A forma do 5 é aberta tanto na direita quanto na esquerda, plana por cima e curvada na parte inferior. Isso dá pistas de sua necessidade de variedade e mudança constante. Lembre-se de manter os pés no chão.

Famosos com o número 5: Ellen DeGeneres, Mick Jagger, Angelina Jolie, Willie Nelson, Sean Penn, Keith Richards e Tina Turner.

ENERGIA E CAMINHO DE VIDA DO 6

A vibração do 6 expressa AMOR! Charmoso e carismático, com uma personalidade magnética, você tem a capacidade de atrair as pessoas para qualquer causa em que se envolva. Generoso, gentil e atraente, é admirado e até adorado (o que o deixa completamente perplexo). Você adora encher sua linda casa de desgarrados — tanto animais quanto pessoas. É realmente útil, não apenas simpático. É capaz de extremos: o 6 tem uma qualidade demoníaca ou angelical.

É um indivíduo compassivo e um excelente amigo, leal até o fim. Infelizmente, essa lealdade nem sempre é recíproca. Uma de suas lições será entender e experimentar o verdadeiro significado da traição, às vezes, em uma escala avassaladora. Tende a atrair os feridos e precisa se sentir necessário — mas é preciso recusar aqueles que você não pode ajudar. Nos relacionamentos, deve aprender os limites entre a ajuda e a interferência.

O sucesso do 6 está no ensino, na hotelaria, na psicologia, na administração, nos imóveis, no governo, qualquer coisa relacionada com animais ou áreas ligadas à estética, como moda, jardinagem ou decoração. Conhece os luxos da vida melhor do que ninguém. Opiniões firmes também podem colocá-lo em apuros. Caso se encontre em um estado constante de estresse financeiro, não viverá de acordo com seu objetivo. O 6 gosta de coisas boas, mas também é engenhoso. Ama um bom negócio; às vezes, em demasia, pois também é propenso a acumular.

O 6 tem uma constituição muito forte e uma energia feminina. Os problemas de saúde do 6 irão comumente se manifestar no sistema reprodutivo e em possíveis problemas cardíacos.

A forma do 6 é a de uma mulher grávida. Uma coisa é recorrente para o 6: a importância da família. Os pais com esse número têm dificuldade em ver seus filhos como adultos independentes, mas devem resistir ao desejo de se intrometer.

Independentemente de decidir ter uma família, você sempre terá qualidades acolhedoras maravilhosas.

Famosos com o número 6: Victoria Beckham, Bill Maher, Michael Jackson, Stephen King, John Lennon, Richard Nixon, Rosie O'Donnell e Bruce Willis.

ENERGIA E CAMINHO DE VIDA DO 7

É inteligente e misterioso, do tipo ponderado e tranquilo. Muito analítico, prefere fazer sua própria pesquisa e nunca aceitar as coisas por seu valor aparente. Se alguém tem um segredo, um 7 descobrirá o que é.

É cético e curioso, e também dotado de uma intuição fabulosa; no entanto, espiritualidade e metafísica são grandes mistérios para alguém desse número. É importante que o 7 tenha algum tipo de crença espiritual ou religiosa. Sem isso, sua vida pode ficar sem objetivo. Qualquer coisa que tenha uma boa história ou uma história original lhe interessa. Também gosta de acumular informações; muitas vezes, tem prateleiras de livros não lidos. A natureza e a água são magia para sua psique.

Seu conhecimento e sua inteligência aguçada lhe dão um senso de humor único e o ajudam a atrair admiradores. Contudo, pode ter dificuldade para manter relacionamentos íntimos, pois parece esconder e guardar segredos. Certifique-se de estar se comunicando de maneira franca e honesta (especialmente se for um 16/7). Se tiver uma vibração baixa, poderá se tornar um amante ciumento, assim como ter de lidar com questões de ego. Terá de aprender a manter e respeitar limites, respeitar a privacidade dos outros e proteger seus próprios limites para que não sejam violados.

Se tiver uma vibração alta, terá um magnetismo misterioso e será charmoso, inteligente, engraçado e atraente. Gosta de fazer as pessoas se sentirem à vontade, mesmo que, mentalmente, as julgue por meio de um monólogo silencioso. Sem um extrovertido 3 por perto para equilibrá-lo, um 7 pode se tornar recluso e antissocial.

Carreiras gratificantes para o 7 incluem pesquisadores, historiadores, curadores de museus, analistas de perfis criminais, mestres espirituais ou religiosos e advogados. Gosta de trabalhar sozinho. Muitas vezes afeito a empregos permanentes, o 7 irá trabalhar para poucas empresas ou instituições ao longo de toda a sua carreira.

Dormir pode ser algo difícil para você, embora precise do máximo possível de sono. Você também provavelmente terá problemas no pescoço por sustentar uma cabeça tão ocupada. Meditação, yoga, um banho ou uma caminhada podem ajudá-lo a desligar a mente ativa.

A forma do número 7 se assemelha a um bumerangue, situações de ida e volta que podem se manifestar nos relacionamentos, em diversos momentos da vida, nas férias e na carreira. Poderá, muitas vezes, voltar para as mesmas pessoas, os mesmos empregos e lugares. A base do 7 não proporciona muito apoio. Estar desequilibrado pode levar à depressão, aos vícios e à insônia.

44 NUMEROLOGIA

Famosos com o número 7: Muhammad Ali, Christian Bale, Robert Blake, Mel Gibson, Kelsey Grammer, Al Pacino, Jerry Seinfeld, Danielle Steel e James Woods.

ENERGIA E CAMINHO DE VIDA DO 8

Nascido para ser o chefe — caso não esteja no comando, irá fingir que está. É um visionário e também pode ser imprudente. Lembre-se, há uma linha tênue entre poder e corrupção, e você deve andar com cuidado por ela. Gosta de dinheiro e irá gastá-lo de forma excessiva. Qualquer coisa que fizer envolvendo dinheiro trará problemas se for feita pelas razões erradas. Entretanto, poderá obter êxito se trabalhar com integridade e autenticidade. Lembre-se de que as recompensas nem sempre são financeiras — também aparecem na forma de reconhecimento e legado. Muitos indivíduos com o número 8 ganham grandes fortunas e sofrem muitos fracassos ao longo da vida.

Tem dificuldade em demonstrar amor e afeto. Tente não ser teimoso e controlador. Sua vida pode se transformar em um entra e sai de relacionamentos e amizades. Com uma vibração baixa, poderá ter dificuldade em ser leal e manter segredos, o que pode transmitir uma imagem de hipócrita. Ego, arrogância e egoísmo podem ser sua ruína. Sua raiva pode ser explosiva, mas sempre passa rápido. Aprenda com essas experiências. Assuma responsabilidades, peça desculpas de forma sincera e evolua.

O 8 costuma passar por muitos empregos em diferentes empresas tentando encontrar seu nicho. Poderá se destacar no mundo dos negócios em qualquer trabalho em que puder progredir e obter influência, como no setor de bancos, imóveis, finanças e jornalismo. Encontra-se no auge quando está organizando, supervisionando e administrando. É motivado por dinheiro, poder e reconhecimento. Deve treinar e tentar melhorar seu tato para que suas ideias sejam mais bem recebidas.

Os desafios de saúde do 8 incluem problemas relacionados ao estresse, como pressão alta e complicações cardíacas.

A forma do 8 — composta de dois círculos unidos — representa a esfera espiritual e a material. É preciso manter esses dois mundos sempre em equilíbrio. Sem equilíbrio, o 8 nunca estará verdadeiramente satisfeito. Essa forma simétrica também significa que reversões completas e totais são possíveis a qualquer momento.

Famosos com o número 8: Giorgio Armani, Cindy Crawford, Jane Fonda, Aretha Franklin, Richard Gere, Barbra Streisand, Martin Scorsese e Elizabeth Taylor.

ENERGIA E CAMINHO DE VIDA DO 9

O 9 tem a energia de uma alma antiga. As muitas encarnações passadas lhe deram a sabedoria subconsciente de muitas vidas. Seu senso de humor é inteligente e espirituoso. Sua risada é contagiosa. O 9 também tem grande intuição. Não é impulsivo, e seus anseios podem ir muito além da gratificação instantânea.

É difícil argumentar contra sua linha de raciocínio (e pode se tornar cansativo, caso você esteja no lado errado da argumentação). Bom aluno e leitor rápido, absorve informações como uma esponja e continua aprendendo ao longo da vida.

É charmoso, magnético e romântico e não tem dificuldades para atrair um parceiro. Contudo, pode ser desafiador encontrar alguém tão intelectual quanto ou que possa compartilhar de seu senso de humor e realmente fazê-lo rir.

Com uma vibração baixa, pode ser condescendente. Tende a explicar demais as coisas, presumindo que os outros não o entendem. Você também pode ser seu pior inimigo, sabotando a si mesmo exatamente quando está à beira do sucesso ou de uma grande recompensa.

Na carreira, ajudar as pessoas alimentará sua alma. Talvez possa sentir-se satisfeito ao inspirar os outros por meio de suas ideias como escritor, artista ou cineasta. O ensino, o aconselhamento, as profissões da área da saúde e os negócios internacionais também são boas opções para você. É um altruísta e um filantropo nato, pois não busca elogios ou reconhecimento por suas boas ações. É tão inteligente que, caso resolva aplicar sua sabedoria à atividade criminosa, também poderá ser bem-sucedido nisso, mesmo que, ao final, tenha de pagar por seus erros (se não nesta vida, então na próxima).

Tende a não expressar ou lidar com as emoções de forma construtiva. Isso costuma ficar armazenado em seu pescoço e nos ombros, mas especialmente nos quadris. Deve sempre exercitar sua flexibilidade física. As doenças autoimunes também podem ser uma preocupação em relação à saúde.

O 9 tem a forma de uma cabeça repleta de sabedoria. Talvez perceba que desconhecidos o procuram para obter informações, conselhos ou direções aleatórias.

Famosos com o número 9: Cher, Gandhi, Jack Canfield, Morgan Freeman, Harrison Ford, Shirley MacLaine, Elvis Presley e Madre Teresa.

Energia e caminhos de vida dos números mestres

Os caminhos de vida dos números mestres abrangem termos únicos e especiais. Esses números estão em um plano superior, mas correm o risco de se apoiar em uma vibração mais baixa, levando ao desperdício de uma vida de oportunidades e talentos. Se você é um desses números, cuide para não fracassar em sua missão enquanto estiver aqui na Terra.

Os números mestres podem ser difíceis de entender porque, basicamente, oscilam entre três vibrações distintas.

Por exemplo, o 11 em uma vibração mais baixa e mais solta assume as características do 2, que é cooperativo e diplomático. Às vezes, pode emanar a energia de um número 1 duplo e intenso, que é mais egocêntrico e arrogante e exatamente o oposto do 2. Se atingir seu potencial, viverá na energia do 11, um verdadeiro líder — intuitivo, esclarecido e inspirador.

Ninguém consegue manter indefinidamente o nível mais alto de vibração. Embora a mudança de vibração seja natural, você pode cumprir o destino de seu número mestre se conseguir manter o foco.

ENERGIA E CAMINHO DE VIDA DO NÚMERO MESTRE 11/2

O número mestre 11 é o mais intuitivo. Você provavelmente está à frente do seu tempo; o mundo pode não estar pronto para o que você tem a oferecer. Por causa disso, o 11 não costuma recolher imediatamente os frutos de seu trabalho suado e original.

Em virtude de seu espírito pioneiro, os 11/2 são palestrantes motivacionais fantásticos, líderes espirituais, apresentadores de televisão, *designers* ou personalidades da mídia.

O 11/2 adora estar envolvido em um relacionamento, especialmente se for pacífico e harmonioso. Transmite sua natureza gentil e sua qualidade espiritual a todos com os quais se envolve.

Em razão de os 11/2 sentirem as coisas de maneira profunda, estão sujeitos a depressão, ansiedade e alergias graves. A vibração singular do 11 o deixa vulnerável aos problemas de saúde tanto do 1 quanto do 2.

Famosos 11/2 incluem Jennifer Aniston, Coco Chanel, Bill Clinton, Harry Houdini, príncipe Charles e príncipe William, Barack e Michelle Obama, Ronald Reagan e Tony Robbins.

ENERGIA E CAMINHO DE VIDA DO NÚMERO MESTRE 22/4

O número mestre 22/4 é conhecido como o construtor mestre. O 22 tem a capacidade de transformar ideias em realidade. Criar um império e deixar um legado são de grande importância para ele.

Como o 22 é uma dose dupla da energia do 2, ele convive com uma tensão nervosa que deve aprender a canalizar em seus planos visionários. O 22/4 enfrentará testes de conduta ética e responsabilidade. Sua família de origem tende a ser complexa.

O 22 buscará um parceiro empreendedor que o faça se sentir seguro. Será atraído por parceiros práticos e voltados para grandes objetivos.

Aprender a acreditar nos outros, em vez de tentar controlá-los ou manipulá-los, é uma lição para o 22. Compartilhe suas ideias e deixe as pessoas oferecerem contribuições. Você precisa delas mais do que imagina.

O 22 é capaz de extremos e tem o potencial de usar seus poderes para o bem ou para o mal. Suas maiores recompensas virão dos esforços humanitários e bem-intencionados.

Este número adora colocar seu nome nas coisas, e eu não estou falando apenas de um monograma. A vibração singular do 22 o deixa vulnerável tanto às alergias quanto aos problemas de estresse do 4 e do 2.

Pessoas famosas com caminho de vida 22/4 incluem Richard Branson, Tina Fey, Chris Hemsworth, o 14º Dalai-Lama, Paul McCartney e Caroline Myss.

ENERGIA E CAMINHO DE VIDA DO NÚMERO MESTRE 33/6

O 33/6 é conhecido como o professor mestre. Entre os números mestres, é o mais influente e compassivo.

É muito bem informado e analisa minuciosamente todas as suas ideias antes de compartilhá-las. Em seu maior potencial, sua comunicação é clara, sem nenhuma intenção pessoal, e tem uma preocupação genuína com a humanidade.

Para ser um verdadeiro 33/6, o cálculo deve incluir um número mestre 11 ou 22 (se não for assim, seu número do caminho de vida 33 será reduzido para o número raiz 6 e não receberá a designação de "mestre").

Em um relacionamento, seu foco deve voltar-se para o domínio de suas emoções. Por ser magnético e atraente, nunca tem problemas para encontrar um parceiro. No entanto, tenha cuidado ao assumir personalidades complicadas que, apesar de carentes, não estão dispostas a se ajudar.

O 33 adora ajudar e curar. Sua realização se dá quando auxilia os outros e compartilha sua sabedoria e seus dons artísticos com o mundo. As profissões ideais incluem as relacionadas aos direitos humanos, à educação, à saúde e às artes em geral. Lembre-se de cuidar de si mesmo.

A vibração singular do 33 o deixa vulnerável aos problemas de saúde do 6 e do 3: questões reprodutivas e cardíacas, bem como depressão e flutuações de peso.

Muitas estrelas de Hollywood se beneficiam da dupla dose criativa e emotiva da energia do 3. Meryl Streep é uma das raras, verdadeiras 33/6, nascida em 22 de junho de 1949 (**22** + 6 + 5 = **33/6**). A Senadora Elizabeth Warren tem a mesma data de nascimento. O cineasta Francis Ford Coppola também é um verdadeiro 33/6; nasceu em 7 de abril de 1939 (7 + 4 + **22** = **33/6**).

É mais comum encontrar o número 33 em um número de destino no qual os números de alma ou personalidade são o 11 e o 22, ou vice-versa (veja o capítulo 3).

Juntando as peças: números do aniversário e do caminho de vida

A combinação do número de aniversário de uma pessoa com seu número do caminho de vida revela traços característicos sinérgicos e complexos. Esse entendimento, unido à atenção ao perfil numérico como um todo, trará mais precisão às suas leituras.

Por exemplo, é possível que alguém com um número do caminho de vida 9 e um número de aniversário 8 tenha dificuldade em ser generoso. A energia do 9 deseja dar uma gorjeta alta para o garçom, mas a personalidade do 8 se arrepende imediatamente dessa atitude.

É muito comum encontrarmos os números 3 e 7 no perfil principal. Esses números oferecem uma espécie de equilíbrio um para o outro, mesmo que, internamente, estejam em conflito. O caminho de vida 7 requer momentos de solidão, por isso o indivíduo pode ser um recluso, enquanto o número de aniversário 3 pertence a alguém que adora os holofotes, gosta de falar e é muito sociável. Isso causa uma contradição interna que deve ser constantemente equilibrada pela pessoa.

Algumas combinações são ainda mais complicadas. Por exemplo, a pessoa com o caminho de vida 6 com um proeminente 1 estará propensa a exagerar e inventar, deixando a responsabilidade de lado em favor de empreitadas egoístas. Podemos pensar em Richard Nixon. As opiniões fortes do 6, combinadas com a natureza teimosa e a competitividade do 1, podem formar um coquetel volátil.

A desarmonia dos números de aniversário e do caminho de vida pode causar indecisão, objetivos contraditórios e muita dúvida. Além disso, esse fato gera uma abordagem dinâmica e interessante para a vida. As pessoas podem ter dificuldade para entender as outras porque suas ações podem ser guiadas pela energia de seu caminho de vida ou de aniversário.

A compreensão dos pontos fortes e fracos dos números em seu perfil o auxiliará à medida que você decifrar seus dons singulares. Quando seus números são diferentes, eles também oferecem recursos extras que podem ajudá-lo a identificar e superar desafios. No geral, os números da data de seu nascimento lhe dão as informações mais eficazes e precisas sobre sua personalidade.

No próximo capítulo, você aprenderá a decifrar o poder e os segredos do seu nome, revelando muito sobre sua verdadeira natureza, incluindo seu número de destino, número de alma, número de personalidade e número de maturidade. Cada vez mais informações serão reveladas à medida que você examinar o valor numérico do seu nome e continuar a construir seu perfil numérico principal.

OS SEGREDOS ESCONDIDOS EM SEU NOME

O nome que você recebeu ao nascer foi escolhido em um momento de intuição e inspiração divina daqueles que o nomearam. O nome de nascimento lhe oferece a energia vibracional necessária para a jornada de sua vida. Neste capítulo, você aprenderá a atribuir energia numérica às letras, a fim de entender o significado do seu nome de nascimento e descobrir seus números de destino, de alma, de personalidade e de maturidade.

Seu nome de nascimento

Na numerologia, é de extrema importância usar o nome completo conforme registrado em sua certidão de nascimento. Isso é o que conta, mesmo que você não goste do seu nome, que o tenha adotado por apenas algum tempo, que tenha modificado sua ortografia, que tenha mudado seu sobrenome por meio de um casamento ou por outras razões, ou até mesmo se tiver alterado todo o seu nome. Esse nome original corresponde ao seu destino. O valor numérico do nome é conhecido como número de destino, e seu significado é poderoso.

Se você não sabe qual é o seu nome original (por exemplo, caso tenha sido registrado[a] com um novo nome numa adoção), poderá, então, usar o atual — pois seu desenvolvimento se deu com esse nome.

Seu nome de nascimento inclui todos os seus nomes e sobrenomes e exclui os sufixos, tais como Júnior e Filho, e hifens.

Seu número de destino

Seu número de destino revela seus talentos mentais e físicos, bem como as sombras de sua personalidade. O número de destino representa o potencial mais elevado que você passará a vida inteira tentando desenvolver e cumprir. É a expressão de seus objetivos relacionados à carreira, à família e ao tipo de pessoa que você quer ser.

CÁLCULO DO NÚMERO DE DESTINO

Para descobrir seu número de destino, escreva seu nome completo em letras maiúsculas. Abaixo de cada letra, escreva o valor numérico conforme a tabela da página 55.

Assim como fizemos com o dia, o mês e o ano de seu número do caminho de vida, primeiro, somaremos separadamente os números de cada nome e, em seguida, faremos a redução a um só dígito. Pronto! Você pode acrescentar seu número de destino ao seu perfil.

Correspondência numérica das letras

Cada letra do alfabeto tem um valor numérico que se correlaciona com sua posição no alfabeto.

Por exemplo: M é a 13ª letra $(1 + 3 = 4)$, que, então, é reduzida para 4; J é a décima letra $(1 + 0 = 1)$, que é reduzida para 1; T, a vigésima letra $(2 + 0 = 2)$, que é reduzida para 2, e assim sucessivamente. Com o tempo, você saberá esses valores de cor. Por enquanto, é possível utilizar a seguinte tabela para suas leituras.

AS LETRAS E SEUS NÚMEROS								
1	2	3	4	5	6	7	8	9
A	B	C	D	E	F	G	H	I
J	K	L	M	N	O	P	Q	R
S	T	U	V	W	X	Y	Z	

Elvis Presley será nosso primeiro exemplo.

ELVIS AARON PRESLEY

5 3 4 9 1	1 1 9 6 5	7 9 5 1 3 5 7

Elvis	$5 + 3 + 4 + 9 + 1 = 22/4$
Aaron	$1 + 1 + 9 + 6 + 5 = 22/4$
Presley	$7 + 9 + 5 + 1 + 3 + 5 + 7 = 37 (3 + 7 = 10)/1 + 0 = 1$
	$22/4 + 22/4 + 1 = 45 (4 + 5 = 9) 9$

O número de destino de Elvis é o 9.

Vejamos agora Stevie Nicks (lembre-se de que devemos usar o nome Stephanie):

S T E P H A N I E   L Y N N   N I C K S

1 2 5 7 8 1 5 9 5	3 7 5 5	5 9 3 2 1

Stephanie	$1 + 2 + 5 + 7 + 8 + 1 + 5 + 9 + 5 = 43 (4 + 3) = 7$
Lynn	$3 + 7 + 5 + 5 = 20 (2 + 0) = 2$
Nicks	$5 + 9 + 3 + 2 + 1 = 20 (2 + 0) = 2$
	$7 + 2 + 2 = 11/2$

O número de destino de Stevie Nicks é o 11/2.

Lady Gaga nasceu como:

S T E F A N I   J O A N N E

1 2 5 6 1 5 9	1 6 1 5 5 5

A N G E L I N A   G E R M A N O T T A

1 5 7 5 3 9 5 1	7 5 9 4 1 5 6 2 2 1

Stefani	$1 + 2 + 5 + 6 + 1 + 5 + 9 = 29 (2 + 9) = 11/2$
Joanne	$1 + 6 + 1 + 5 + 5 + 5 = 23 (2 + 3) = 5$
Angelina	$1 + 5 + 7 + 5 + 3 + 9 + 5 + 1 = 36 (3 + 6) = 9$
Germanotta	$7 + 5 + 9 + 4 + 1 + 5 + 6 + 2 + 2 + 1 = 42 (4 + 2) = 6$
	$11 + 5 + 9 + 6 = 31 (3 + 1) = 4$

O número de destino de Lady Gaga é o 4.

O significado de seu número de destino

Agora que você sabe calcular esse número extremamente importante, passaremos para o significado de cada número de destino e o que eles revelam sobre as camadas matizadas da personalidade, os talentos inatos, a carreira e sobre a sombra da personalidade.

NÚMERO DE DESTINO 1: O LÍDER E O TOMADOR DE DECISÕES

Você gosta de fazer tudo do seu jeito — e geralmente é o que faz. Sua carreira deve possibilitar mobilidade ascendente para que você se mantenha motivado, e você provavelmente acabará em alguma posição de comando. Sua mente inventiva o torna um solucionador de problemas ágil.

Você tem uma ótima visão de futuro e ideias inovadoras, e sabe recrutar pessoas capazes de transformar suas ideias em realidade. O 1 fica animado — realmente animado — com ideias, porém pode perder o interesse ao tratar dos detalhes e, muitas vezes, tem dificuldade para finalizar o que começou. Lembre-se de estabelecer limites e de se defender.

Você teme o fracasso. Quando não acredita que será o melhor em alguma coisa, você nem mesmo tenta. Quando comandado por sua sombra, você pode ser autoritário, impaciente, arrogante, egoísta e usar sua influência para o mal.

Abrace seus dons de liderança, de inspiração, de pensamento independente e de ideias originais. É preciso dividir sua originalidade com os outros. Em última análise, o número de destino 1 exigirá que você utilize esses dons e crie oportunidades para o cumprimento de sua visão de futuro.

NÚMERO DE DESTINO 2: O PARCEIRO

O número de destino 2 é naturalmente diplomático, charmoso, bom nos detalhes, cooperativo e paciente. Você se destaca como parte de uma equipe e é melhor em uma parceria do que em uma posição de liderança.

Tende a duvidar de si mesmo e não confia em suas escolhas. A sensibilidade que lhe permite trabalhar tão bem com os outros pode estabelecer um equilíbrio delicado no local de trabalho. Como não gosta de ser o centro das atenções, deve garantir que os outros reconheçam e apreciem seus esforços e lhe deem crédito pelo que faz; caso contrário, poderá ser ignorado. As pessoas confiam em você e admiram sua natureza atenciosa e generosa. Se não perceber esse respeito por parte dos outros, não se sentirá confortável nem conseguirá trabalhar direito.

Quando comandado por sua sombra, se torna excessivamente sensível, um bebê chorão, sorrateiro, manipulador e um mentiroso convincente, revelando sua dualidade. Em vez de ser diplomático, pode passar ao confronto agressivo.

Sua felicidade máxima acontece quando contribui de maneira positiva e dinâmica com uma equipe. Traga harmonia, equilíbrio e cooperação para tudo o que faz, e se sentirá realizado e superará sua sombra. Seja com a família, os amigos ou colegas, torne-se um pacificador e uma influência harmonizadora em qualquer situação em que se encontre.

NÚMERO DE DESTINO 3: O ARTISTA E ANIMADOR

Embora seja hipercriativo, o número de destino 3 pode sofrer da síndrome de Peter Pan e nunca mais querer crescer. Você tem um ótimo senso de humor e prefere que seu trabalho seja divertido e edificante. Isso tudo é bom, mas você também deve levar suas responsabilidades a sério. Aquilo que os outros reconhecem e encorajam como seus talentos inatos talvez não seja o que lhe traz alegria. É importante buscar o equilíbrio. Além da diversão, você sente todas as emoções em um nível intenso. Tente moderar sua sensibilidade e não levar as coisas muito para o lado pessoal.

É possível que os outros acreditem que você tenha uma vida encantada e sintam inveja da forma como as coisas sempre dão certo para você. Por outro lado, você sente ciúmes de qualquer um que, segundo sua percepção, esteja roubando sua proeminência ou que pareça ser mais talentoso, popular ou dotado que você. Lembre-se, há muito sucesso por aí.

No lado de sua sombra, um 3 deve evitar ser excessivamente dramático ou emotivo, enganador, intolerante e ciumento. Mantenha esses sentimentos infantis sob controle, e desfrutará mais da alegria que está procurando.

NÚMERO DE DESTINO 4: O PLANEJADOR E PRODUTOR

É confiável, leal, organizado e pontual. Embora talvez se ressinta de pessoas que não tenham as mesmas qualidades, tem competência para gerenciá-las e uma habilidade incrível de se manter calmo diante do caos e colocar ordem em tudo o que faz.

Conquistas práticas lhe trazem grande satisfação, como quitar seu carro ou ter uma casa limpa. No entanto, o controle é uma ilusão, e é preciso aprender a abandoná-lo.

É sempre o único com um plano; os outros, entretanto, não costumam dar atenção ao seu esforço. É capaz de dividir as tarefas em partes digeríveis e progredir de maneira contínua; porém, secretamente, deseja muito que alguém tire parte desses bocados de seu prato.

No lado sombrio, pode ser *workaholic*, teimoso, antagônico e temperamental. O ressentimento pode torná-lo absolutamente cruel. Aprender a delegar, dar visibilidade ao seu trabalho e ter mais tempo para se divertir são fatores importantes para você. Caso tenha uma dívida cármica de 13/4, sua luta para conseguir terminar o que começa será um dos grandes temas de sua vida.

NÚMERO DE DESTINO 5: O PROGRESSISTA EM BUSCA DE EMOÇÃO

Sempre tem uma história para contar, um lugar para estar, uma viagem para fazer e pessoas para encontrar. Os outros admiram seu espírito aventureiro e gostam de viver indiretamente por seu intermédio. Lembre-se de não levar as coisas muito a sério e de que a vida pode ser excitante sem ser destrutiva.

Para se sentir realizado em sua carreira, precisará de muita variedade; então, o trabalho num escritório talvez não seja o ideal. Sua personalidade carismática e seu dom da palavra fazem de você um talento em vendas, marketing ou propaganda.

Você pode se ver envolvido em algum drama ou numa fofoca, às vezes criando ou fabricando um cenário a fim de se entreter. Como se entedia facilmente, é possível que se encontre cercado por pessoas que estejam sempre em crise. Para evitar essa situação, que irá drenar sua gigantesca energia, se esforce para compreender a si mesmo e os outros de forma mais profunda.

Sua sombra pode levá-lo a se tornar impulsivo, inquieto, indiscreto, rude e até mesmo profano. Sua ruína pode vir das escolhas malucas que faz sem pensar nas consequências. Cuidado com suas tendências autodestrutivas.

NÚMERO DE DESTINO 6: O PERFECCIONISTA ACOLHEDOR

Uma de suas melhores qualidades é sua lealdade, embora, infelizmente, quase nunca seja correspondida. É possível que você tenha sido forjado pelas responsabilidades familiares que teve desde cedo. Um lar feliz e estável é importante para esse número, por isso se destaca na esfera doméstica. É um pai maravilhoso ou uma mãe muito dedicada, e, caso não tenha filhos, sua natureza acolhedora poderá ser canalizada para os animais.

É sensível, maduro e confiável. A responsabilidade alimenta sua alma. Por ser um bom juiz de caráter, dá ótimas orientações, desempenhando o papel de conselheiro para seus amigos (e, talvez, profissionalmente também). Quer embelezar seu entorno; coisas belas lhe trazem alegria e conforto.

Seu lado sombrio: presunçoso, sarcástico e vaidoso, acredita que ninguém pode cumprir a tarefa tão bem quanto ele. Outros podem confundir seus altos padrões pessoais com competição ou condescendência. Tende a se intrometer, a se preocupar e a buscar reconhecimento constante. Não se deixe levar pelo que os outros pensam ou pelos problemas dos outros.

NÚMERO DE DESTINO 7: O INTELECTUAL INTUITIVO

Irradia uma dignidade silenciosa. Pensa profundamente sobre as coisas, e seus devaneios podem resultar em inventividade filosófica ou tecnológica.

É equilibrado, reservado, observador, refinado e espiritualizado. Talvez seja sozinho e não solitário, algo difícil para muitos outros números de destino. A natureza e a solitude funcionam bem para você. Sua intuição é tão forte que, às vezes, você é capaz de "vislumbrar" os pensamentos dos outros. Seus sonhos são proféticos. Tem uma boa memória e se interessa por história, por coleções e pelo passado. Poderá se destacar em uma área em que possa se especializar ou se tornar um verdadeiro consultor.

O 7 costuma crescer acreditando que seus pais escondem segredos dele. Mesmo que tenham feito isso para sua proteção, esse fato pode ter gerado e alimentado uma paranoia muito real dentro de si. É um guardião de segredos e tende a ser um pouco recluso. Esforça-se de maneira diligente, às vezes, por anos, para atingir seus objetivos na vida e no trabalho.

Sua sombra pode gerar suspeitas, desconfiança, neuroses, isolamento e inveja. Um forte senso de espiritualidade, independentemente da forma que isso tome, poderá lhe proporcionar um chão, algum equilíbrio, e realçar o que há de melhor em sua personalidade. É muito voltado para a ciência ou para o lado espiritual; alguns, entretanto, podem encontrar um equilíbrio entre os dois. Cultive pelo menos alguns relacionamentos próximos. É importante compartilhar sua vasta sabedoria e seu conhecimento com o mundo.

NÚMERO DE DESTINO 8: O EXECUTIVO

Você nasceu para o sucesso e para ser financeiramente abastado. Aprendeu sobre poder e status no início da vida e, para se sentir realizado, precisa ser uma autoridade na profissão escolhida. Felizmente, você é um líder e influenciador nato.

Ama as conquistas, mas precisa ter cuidado — é possível que nunca se satisfaça e almeje sempre fazer mais, ser mais, ter mais. Tende a valorizar os bens materiais, mas deve saber que um legado de bondade e generosidade é muito mais memorável.

O fracasso é devastador, mas não tentar é pior, então precisará ser ousado diante de seus medos. Com o tempo, irá perceber que as pessoas respondem a quem você é, não ao que você faz ou ao que você tem. A sombra do 8 pode gerar impaciência, intolerância, crueldade e, às vezes, um temperamento violento. É possível que você abuse de entorpecentes e tenha problemas financeiros. Busque sempre o equilíbrio. Seus desejos serão realizados sempre que um ancoramento espiritual puder ser integrado ao seu mundo material.

NÚMERO DE DESTINO 9: O HUMANITÁRIO SÁBIO

É capaz de conquistar quase todo tipo de pessoa com seu senso de humor, sua personalidade extrovertida e seu charme. É um visionário e irá inspirar outros a se juntar a um movimento que fará do mundo um lugar melhor. Talvez seja um idealista e até ingênuo em relação às motivações dos outros. É impressionável e propenso a formar hábitos, o que pode incluir a compulsão por álcool e drogas entorpecentes.

Paciente, caridoso, compassivo e romântico, almeja a aprovação do mundo e, secretamente, busca a fama. Compartilhar seus dons singulares, ajudar a humanidade, ensinar, aconselhar e curar são ações que alimentam sua alma.

Enquanto salva o mundo, certifique-se de não estar negligenciando as pessoas mais próximas de você.

Sua sombra pode se expressar de forma possessiva, temperamental, tímida, ingênua e intranquila.

Sendo um comprador compulsivo, pode desperdiçar dinheiro.

NÚMERO MESTRE 11: O MESTRE INTUITIVO

Este número tem uma expressão potente. Extremamente sensível, intuitivo e consciente, exala uma presença poderosa, refinada e elegante. Sente uma orientação divina, e suas habilidades inatas de liderança o levam a atrair facilmente um grupo de seguidores ou a fama.

Toma decisões usando uma combinação indefinível de lógica, intuição e emoção. Sempre soube que é diferente, e com o tempo abraçará plenamente seus dons especiais para despertar e iluminar os outros. Quando comandado por sua sombra, pode ser manipulador e usar seu poder para empreitadas moralmente questionáveis. É possível que tenha dificuldade em separar sua imaginação da realidade. Costuma ter a sensação de que ninguém é capaz de corresponder às suas altas expectativas.

NÚMERO MESTRE 22: O ARQUITETO MESTRE

Além de estar ciente do panorama geral desde jovem, quem tem este número de destino sempre sonha grande. Dentre todos os números de destino, este é o que tem o mais elevado potencial para o sucesso, portanto, vai querer deixar uma marca real no mundo. Poderá aproveitar seus dons abrangentes de uma forma madura no momento em que começar a entender de fato do que é capaz. Poderá realizar grandes coisas.

Pelo lado de sua sombra, talvez seja dissimulado e traiçoeiro nos negócios, destrutivo e até mesmo uma pessoa ruim. Use sempre seus poderes para o bem.

NÚMERO MESTRE 33: O INFLUENCIADOR MESTRE

Para ser um número de destino 33/6 verdadeiro, seu número de alma (ver página 65) deve ser 11 ou 22, ou seu número de personalidade (ver página 68) deve ser 11 ou 22.

O número de destino 33 representa uma missão profunda a ser cumprida, mas você tem tudo a ver com responsabilidade, então, está pronto para esse desafio.

Suas habilidades criativas, sua forma de comunicação, sua sinceridade e sua compaixão são extraordinárias. Servir aos outros poderá lhe revelar dons espirituais. Gentil e despretensioso, dá sem expectativa de retorno. É um visionário empolgado, divertido e compassivo, e forma vínculos sinceros com facilidade.

É o influenciador mestre. Seu destino é ser um exemplo do verdadeiro poder do amor e da compaixão pelo mundo. É solidário e um curandeiro inato.

A sombra do 33 é o martírio — por isso a pessoa com este número de destino pode ser melancólica. Muitas vezes, assume a dor ou as tristezas dos outros. Suas grandes recompensas surgem quando usa seus dons inatos de cura para ajudar os outros e oferecer as ferramentas para que as pessoas possam se ajudar.

A escolha dos nomes de bebês

Caso esteja pensando em ser pai ou mãe, uma de suas primeiras grandes responsabilidades é escolher um nome. Sua escolha irá determinar o destino de outra alma e a sina da vida de seu filho!

Certifique-se de explorar sua intuição ao escolher um nome. Para muitos pais, o nome surge em um sonho ou em um momento de inspiração divina. Se um nome não parecer correto, não o aceite! Você saberá no fundo de sua alma qual o nome certo assim que ele surgir.

Não é aconselhável tentar escolher ou dar ao seu filho o que, para você, parece ser um número de poder ou um perfil que fará dele, por exemplo, um atleta de ponta. Use a numerologia para que sua decisão seja esclarecida: escolha números que possam ajudar a criança a evitar um carma difícil ou que tentem proporcionar equilíbrio, ou que estejam em harmonia com seus próprios números, mas não tente construir alguma personalidade ideal. Seu controle é limitado. O bebê escolherá a própria data de nascimento (mesmo que o nascimento esteja agendado), de modo que suas lições dependerão de seus números de aniversário e de seu caminho de vida, independentemente do nome de nascimento. Se a alma precisar da lição do vício, escolherá nascer no dia 14 do mês, ou se almejar lições sobre o poder e figuras de autoridade, escolherá o 19º dia ou uma data cuja soma gere um caminho de vida 19/1.

Também tive a experiência emocionante de trabalhar com clientes que eram gêmeos, compartilhando o mesmo caminho de vida e o mesmo número de aniversário. Por causa de seus números de alma, da personalidade e do destino muito diferentes, eles viveram vidas e experiências muito diferentes. Isso mostra como o seu nome é importante.

Alguns numerologistas não acreditam em influenciar na escolha do nome. Eu não penso assim, e fico feliz em dar suporte e orientação, sabendo que os clientes/pais sempre têm a intuição e a escolha final. E por que não tirar vantagem das ferramentas à mão? A numerologia pode revelar possíveis desequilíbrios e harmonias especiais entre pais e filhos e reduzir o excesso de dívidas cármicas e lições cármicas.

Se você não consultou um numerologista antes do nascimento, examinar o perfil principal de seu filho depois do nascimento continuará sendo um trunfo. Essas informações irão ajudá-lo a conhecer essa nova alma, cultivar melhor seus dons e entender mais profundamente suas lições.

O Universo é muito mais mágico do que imaginamos e está sempre nos guiando e trabalhando com base em nossos planos. A numerologia pode revelar essa poderosa força oculta.

Seu número de alma

Este é o número que governa as decisões tomadas pelo coração. Às vezes, chamado de número do desejo do coração, revela seu eu privado que só os mais próximos de você conseguem ver. É aí que os seus sonhos, desejos, anseios e as verdadeiras motivações interiores se encontram, e esse número é que dita seu funcionamento em relacionamentos verdadeiros.

Quando esse número estiver em harmonia com o seu número do caminho de vida, suas decisões serão tomadas com facilidade. Se esse número e o número do caminho de vida forem idênticos, suas emoções nunca ficarão escondidas. Seu eu privado será como um livro aberto. Se o número de alma e o número do caminho de vida estiverem em conflito, você será indeciso — sua cabeça e seu coração terão desejos distintos. Se esse for o caso, você poderá ser um pouco mais complexo e, às vezes, surpreender as pessoas com suas ações ou decisões.

Seu número de alma é a soma total de todas as **vogais** de seu nome completo conforme registrado em sua certidão de nascimento. Escreva seu nome completo com letras maiúsculas e seus respectivos valores numéricos de acordo com a tabela da página 55. Em seguida, some os valores e reduza a adição a um único número: este é seu número de alma. Continuaremos usando Elvis como exemplo.

5		9		1	1	6			5		5	
E	**L**	**V**	**I**	**S**	**A**	**A**	**R**	**O**	**N**	**P**	**R**	**E**	**S**	**L**	**E**	**Y**
3	4	1			9	5	7	9		1	3	7

VOGAIS

Elvis 5 + 9 = **14 (1 + 4) = 14/5**

Aaron 1 + 1 + 6 = **8**

Presley 5 + 5 = **10 (1 + 0) = 1**

5 + 8 + 1 = **14/5 (1 + 4) 5**

O número de alma de Elvis é 14/5 (escreva como uma fração para anotar a dívida cármica).

O que fazer com o "Y"

O "y" é uma vogal ou não? Tenho certeza de que você não está aqui para receber uma aula de fonética, mas isso é importante! Todo o seu perfil poderá ser afetado caso não compreenda este ponto.

A maneira mais fácil de determinar se o "y" em seu nome é uma vogal ou uma consoante é notar se ele está ao lado de outra vogal ou não. O "y" será provavelmente uma consoante sempre que houver uma vogal ao lado dele. Por exemplo, os "y" em Murray, Yolanda ou Presley são consoantes.

O "y" será provavelmente uma vogal quando houver uma consoante ao lado dele, como, por exemplo, nos nomes Kyle, Pythagoras, Mary ou Lynn. Eu digo "provavelmente" porque há — obviamente — uma exceção a essa regra.

Se o "y" *soa* como uma vogal, mesmo quando colocado ao lado de uma vogal, então também será uma vogal. Por exemplo, os nomes Wyatt, Bryan ou Kyara. Em todos esses casos, o "y" é responsável por um som vocálico, por isso funciona como uma vogal.

Seu número de personalidade

Este é o número que expressa a primeira impressão que você causa nos outros. Conhecer seu número de personalidade lhe dará uma melhor compreensão do modo como os outros o percebem.

O número de personalidade é representado pela imagem externa que você escolhe projetar por meio de suas reações, de seus comportamentos e de suas respostas, seja de forma consciente ou inconsciente.

Este número é o guardião do portal que leva à sua verdadeira natureza. A função dele é proteger os sentimentos e o coração. Ele seleciona o que você emana para o mundo e o tipo de pessoa ou informação que você atrai para si. Age como um filtro para quem e o que pode entrar em seu mundo interior, bloqueando algumas vibrações e escolhendo aquelas que melhor se afinam com você.

O número de personalidade também é uma diretriz para a carreira, pois projeta seu talento e sua habilidade inata. Esse é o número que costuma garantir um contrato de trabalho.

Seu número de personalidade é a soma total de todas as **consoantes** de seu nome completo conforme registrado em sua certidão de nascimento.

Elvis $3 + 4 + 1 = 8$

Aaron $9 + 5 = 14 \, (1 + 4) = 14/5$

Presley $7 + 9 + 1 + 3 + 7 = 27 \, (2 + 7) = 9$

$8 + 5 + 9 = 22/4$

O número de personalidade de Elvis é 22/4.

Acrescente seu número de alma e seu número de personalidade ao seu perfil principal.

DICA: *É possível checar suas contas e garantir que você não tenha cometido erros por meio do seguinte atalho: seus números de alma + de personalidade = seu número de destino.*

Significados dos números de alma e de personalidade

A energia geral dos números de 1 a 9, 11, 22 e 33 é sempre a mesma — quer expresse seu número de aniversário, número do caminho de vida, número de destino ou outros pontos. Os números ganham um significado mesclado por meio de seu posicionamento e sua combinação.

NÚMERO DE ALMA 1: O SEDUTOR

Com estilo e imagem singulares, este número governante será o líder em um relacionamento. Tende a construir muros para se proteger e pode ter uma mentalidade nociva do tipo "eu vou te machucar antes que você possa me machucar". No fundo, é um romântico irremediável.

Seu charme pode levá-lo longe, mas espera encontrar a mesma característica em seu companheiro e deseja que os outros sejam tão inteligentes e independentes quanto ele. Inspira inovação e não aprova nem executa ações medíocres.

NÚMEROS DE ALMA 2 E 11: O DEVOTO

Melhor em parceria do que sozinho, o número de alma 2 não fica solteiro por muito tempo. Se compromete e espera o mesmo de seu parceiro — é definitivamente do tipo que se casa.

É provável que o 2 faça o que for preciso para manter a paz. É diplomático e gentil, capaz de enxergar os dois lados de uma situação, e, em vez de assumir a liderança, prefere ser o ponto de apoio do relacionamento.

Por serem muito sensíveis, as críticas podem ser extremamente dolorosas aos indivíduos com número de alma 2. É bastante generoso, e sentir-se apreciado é de máxima importância para ele.

Tendo o número de alma 11/2, seus altos e baixos emocionais serão intensos. O 1 duplo pode gerar egoísmo. Deve usar seus poderes de persuasão para uma causa digna, não para manipular e obter ganho pessoal. Para essas pessoas, os relacionamentos ganham uma qualidade espiritual profunda.

NÚMERO DE ALMA 3: O GALANTEADOR

Encantador e dado ao flerte, o número de alma 3 faz os outros rirem e se sentirem especiais com o brilho de sua personalidade. Tende a buscar diversão e se vê às voltas com uma mentalidade do tipo "a grama do vizinho é sempre mais verde", o que pode fazer com que não assuma compromissos em relacionamentos.

É possível que esconda suas verdadeiras emoções com humor e uma fala prolixa. Quando não está feliz, os outros logo percebem por meio de suas palavras, que podem ser como facas, destinadas a machucar.

Sua lição é dar sempre aos outros o reconhecimento que merecem, não menosprezar as pessoas e não fazer com que se sintam como coadjuvantes.

NÚMEROS DE ALMA 4 E 22: O HONESTO

A pessoa com o número de alma 4 pode parecer fria ou distante. Suas emoções podem ser voláteis, pois gosta de mantê-las sob controle junto a todo o resto. Quem tem esse número adota uma abordagem pragmática para tudo, incluindo o amor, e pode não parecer muito romântico.

Pode ser emotivo, por isso um jantar ou um gesto romântico será planejado e executado com toda a perfeição. Prefere dar e receber presentes úteis em vez de extravagantes.

Sua melhor qualidade é ser confiável, e poderá construir uma vida bem ordenada, oferecendo forte apoio ao parceiro. Deseja encontrar um relacionamento estável com alguém em quem possa depositar sua confiança e o ajude a construir seus sonhos.

Sendo um 22/4, sentirá a necessidade de deixar um legado. Para cumprir essa missão, precisará se comprometer com ela.

NÚMERO DE ALMA 5: O ESPÍRITO LIVRE

A liberdade é essencial para a felicidade do 5. Com uma profunda paixão por mudanças, viagens e aventura, precisa se sentir livre em seus relacionamentos. Para pessoas com esse número, as promessas podem ser difíceis de cumprir, e elas não respondem bem a ultimatos.

Como são governadas pelos sentidos, o sexo é especialmente importante para as pessoas deste número. Gostam de variedade, e isso inclui as atividades sexuais. Os prazeres sensoriais lhes proporcionam felicidade, mas também podem levar à indulgência excessiva e ao excesso de tolerância e à violência.

Tendem a se casar mais velhos. O número de alma 5 resiste aos apegos emocionais e aos compromissos duradouros.

NÚMEROS DE ALMA 6 E 33: O AMANTE

O maior desejo do número de alma 6 é amar e ser amado. Sentimental, paciente, compassivo e compreensivo, é um grande parceiro e descomplicado no amor.

Tende a idealizar o amor, cria a imagem de uma vida bela e perfeita e depois luta por esse objetivo. O número de alma 6 gosta de compromisso. Precisa se sentir necessário e gosta de ouvir e oferecer apoio e conselhos.

Com um profundo amor por sua casa e pela família, geralmente escolhe ter filhos — embora, é claro, nem sempre.

O 33/6 busca aumentar a vibração amorosa do mundo. É emotivo e procura trazer compaixão ao mundo através do amor.

NÚMERO DE ALMA 7: O MISTERIOSO

Sua inteligência o torna charmoso e refinado. Dá aos outros a impressão de preferir manter privados os seus assuntos.

Esse número de alma pode escolher uma vida de solitude, preferindo a própria companhia à dos outros. Caso se una a alguém, isso poderá ocorrer quando estiver maduro e num relacionamento muito privado e seguro. Talvez a ideia de se tornar monge ou freira lhe seja atraente.

Prefere falar sobre fatos, em vez de discorrer sobre sentimentos e emoções imprevisíveis. Sua abordagem impessoal aos relacionamentos românticos pode causar desconfiança, pois a outra pessoa pode se sentir rejeitada. Embora tornar-se emocionalmente vulnerável e criar vínculos profundos lhe tirem de sua zona de conforto, são atitudes necessárias para uma vida plena.

NÚMERO DE ALMA 8: O BATALHADOR

Gostam de aprender da maneira mais difícil, e assuntos do coração não são exceção. É possível que acabem repetidamente em relacionamentos com os mesmos tipos de pessoas. Isso pode ser desgastante no âmbito emocional e financeiro. Deve assumir seu padrão romântico e parar de olhar para o próprio umbigo.

Gosta de conforto material e riqueza. Considera isso importante para que os outros o vejam como alguém bem-sucedido. Sonha alto e não tem medo de trabalho duro. Precisa ser desafiado (e recompensado por encarar o desafio), mesmo em seus relacionamentos; caso contrário, pode cair numa vibração baixa, tornando-se sádico, cruel, deprimido e frustrado.

Seu parceiro ideal precisa ser atraente, capaz e tão motivado quanto você.

De forma intencional ou não, tende a se casar bem ou tornar-se parceiro de alguém com recursos capaz de oferecer apoio à sua visão e à sua necessidade de sucesso material.

Lembre-se de que não há espaço para a hipocrisia no amor — trate seu parceiro como você gostaria de ser tratado.

NÚMERO DE ALMA 9: O CORAÇÃO GRANDE

As pessoas deste número almejam o amor universal e estão genuinamente preocupadas com o bem-estar da humanidade. Por serem almas antigas, são sábias e dotadas de intuição excepcional.

São atenciosos e sempre anteciparão as necessidades de seu parceiro, muitas vezes, tratando-o como um rei ou uma rainha. É comum encontrar uma diferença de idade significativa nos relacionamentos de alguém de alma 9.

Secretamente, o 9 sonha em ter um grande impacto no mundo e talvez até fama, embora tenha uma humildade encantadora. Perceptivo e generoso, pode se dividir entre suas necessidades e as necessidades dos outros.

Emotivo e sensível, também pode ser crítico e temperamental. Ficará frustrado quando as pessoas não puderem atender às suas altas expectativas ou ajudar a si mesmas diante da oportunidade.

NÚMERO DE PERSONALIDADE 1: DINÂMICO E EFICIENTE

Elegante, alegre, equilibrado, habilidoso, dominante, agressivo, reservado, intimidador, corajoso.

NÚMEROS DE PERSONALIDADE 2 E 11: AMIGÁVEL E MODESTO

Cooperativo, modesto, diplomático, humilde, bom ouvinte, tímido, refinado; muitas vezes, é subestimado.

NÚMERO DE PERSONALIDADE 3: INSPIRADOR E ENCANTADOR

Atraente, edificante, magnético, extrovertido, otimista, tagarela, divertido, afetuoso, disperso, superficial.

NÚMEROS DE PERSONALIDADE 4 E 22: CONFIÁVEL E CONSISTENTE

Prático, respeitável, conservador, confiável, fiel, responsável, reservado, inflexível, egoísta.

NÚMERO DE PERSONALIDADE 5: BRILHANTE E ESPIRITUOSO

Alegre, progressista, otimista, bem-disposto, muito atraente, extrovertido, exuberante, magnético, jovial, irresponsável.

NÚMEROS DE PERSONALIDADE 6 E 33: COMPREENSIVO E COMPASSIVO

Protetor, confiável, engenhoso, doméstico, elegante, perfeccionista, simpático, habilidoso, acolhedor, tem bom gosto.

NÚMERO DE PERSONALIDADE 7: SÉRIO E MISTERIOSO

Perceptivo, observador, inteligente, digno, reservado, introspectivo, introvertido, filosófico, privado, excêntrico, distante.

NÚMERO DE PERSONALIDADE 8: FORTE E IMPONENTE

Influente, poderoso, ambicioso, autoritário, bom negociante, visionário, confiante, refinado, implacável, ganancioso, vaidoso, controlador.

NÚMERO DE PERSONALIDADE 9: IMPONENTE E CARISMÁTICO

Competente, determinado, honesto, estável, criativo, magistral, eficiente, diplomático, arrogante, intimidador; atrai a inveja alheia.

Lições cármicas

As lições cármicas são reveladas pela energia ausente em seu nome, representada por letras ausentes. Existem nove lições cármicas possíveis, embora a maioria das pessoas tenha apenas duas ou três.

Pense na energia ausente como uma ferramenta de fácil acesso. Você deve, por sua vez, aprender a desenvolver essas habilidades por conta própria.

Veja a seguir um detalhamento do significado das letras ausentes em seu nome.

Lição 1: A, J ou S ausentes

Você deve aprender a se defender e se promover. Sua lição está relacionada à independência e à tomada de iniciativa.

Lição 2: B, K ou T ausentes

Você deve aprender a desenvolver a paciência, a ser cooperativo e a ser mais diplomático. Sua lição cármica será aprender a ter empatia com os sentimentos dos outros e a trabalhar em equipe.

Lição 3: C, L ou U ausentes

Esta lição ensina o valor do amor-próprio e como não ser muito sisudo ou autocrítico. Você será testado nas áreas da comunicação e da imaginação e deverá aprender a praticar a alegria e o otimismo.

Lição 4: D, M ou V ausentes

Para essas pessoas, manter-se organizado é uma luta. É preciso construir uma base e aprender a ter disciplina para não dispersar suas energias. A procrastinação costuma ser um problema.

Lição 5: E, N ou W ausentes

Deve aprender a abraçar a mudança e as novas experiências. Sua lição é encontrar alguma aventura na vida e superar seus medos com fé no plano universal.

Lição 6: F, O ou X ausentes

Tem dificuldade para enfrentar compromissos e demonstrar emoções. Você se esquiva das responsabilidades, por isso deve se esforçar para estabelecer relações sinceras e abertas. Talvez tenha cicatrizes familiares que requeiram resolução ou perdão.

Lição 7: G, P ou Y ausentes

Deve aprender a lição da autenticidade e buscar iluminação espiritual. Talvez tenha dificuldades com o aprendizado e a escola. Mantenha-se firme para poder se especializar e aperfeiçoar seus talentos.

Lição 8: H, Q ou Z ausentes

Sua lição é aprender a administrar seu dinheiro — tanto em meio à riqueza como durante a ausência dela. Você deve aprender a lidar com seus recursos, a tolerar melhor as figuras de autoridade e a aceitar os conselhos dos outros.

Lição 9: I ou R ausentes

Você carece de humanitarismo, por isso deve aprender a ser mais compassivo, compreensivo e tolerante. Pode ser forçado a sacrificar uma ambição pessoal para o bem de todos. Reconheça a importância da comunidade e do perdão.

O efeito de qualquer uma das lições cármicas será atenuado e mais moderado se o número ausente estiver incluído em outro ponto de seu perfil principal. Acrescente algumas lições cármicas ao seu perfil para se conscientizar delas.

As consonâncias

Na numerologia, há três consonâncias únicas (às vezes, chamadas de tríades) de números que se unem naturalmente. São estas:

1, 5 e 7

2, 4 e 8

3, 6 e 9

Em cada grupo, os números compartilham interesses e características comuns. Em um nível muito básico, essas consonâncias podem ser usadas a fim de se verificar o quão bem você pode se entender com os outros números e a probabilidade de um longo relacionamento ou uma amizade com alguém que você conhece há pouco tempo.

Para identificar sua consonância pessoal, encontre o grupo que contém seu número de aniversário ou o número do caminho de vida reduzido. Provavelmente, você vai descobrir que muitos de seus amigos, de seus relacionamentos românticos e das pessoas com quem você compartilha interesses comuns fazem parte de sua consonância. Com essas pessoas, você encontrará compreensão e vínculo inatos.

Se os seus números de aniversário e do caminho de vida caírem em consonâncias diferentes, talvez você perceba que nem sempre sabe o que quer. Quando encontrar alguma pessoa pela primeira vez, considere as duas consonâncias e preste atenção na forma como você se relaciona com ela em diferentes níveis. Verifique seus números nas consonâncias apresentadas a seguir.

1-5-7: A CONSONÂNCIA MENTAL

Estes são os intelectuais: o curioso, o cientista, o analítico e o tecnológico. Participam de um aprendizado constante ao longo da vida e geralmente abordam as questões de uma perspectiva racional, e não emocional.

2-4-8: A CONSONÂNCIA DA MENTE VOLTADA PARA OS NEGÓCIOS

Aqui se encontram os Midas, os *workaholics* e os alpinistas corporativos. Eles são conquistadores com os olhos voltados para a carreira e encontram sucesso no desenvolvimento, na operação e na administração de negócios. Costumam ser pragmáticos, eficientes e pés no chão.

3-6-9: A CONSONÂNCIA CRIATIVA

Artísticas, espiritualizadas e inspiradoras, as pessoas desta tríade são expressivas e afetuosas. Têm um forte interesse nos assuntos metafísicos e espirituais e muita compreensão desses temas, por isso, tendem a ser criativas e emotivas.

O número de maturidade

O número de maturidade não é sentido com intensidade antes dos 40 anos, e só se torna efetivo por volta dos 50. Seu verdadeiro eu está neste número, o qual pode ajudá-lo a, finalmente, se sentir confortável em sua própria pele. Conforme você envelhece, esse número passa a desempenhar um papel cada vez mais importante, integrando-se ao seu número do caminho de vida e oferecendo um tema para a segunda metade de sua experiência humana.

Se o seu número de maturidade for parte de uma consonância com seus outros números, a mudança em sua energia será sutil. Se for um número diferente dos outros, as mudanças serão dramáticas.

Seu número de maturidade

Para encontrar seu número de maturidade, basta somar seu número do caminho de vida ao seu número de destino.

Caminho de vida + número de destino = número de maturidade

Exemplo: 7 (caminho de vida) + 1 (número de destino) = 8 (número de maturidade); 7 e 1 pertencem à consonância intelectual, e 8 pertence à consonância da mente voltada para os negócios. Esse número de maturidade pode gerar novas preocupações financeiras e, à medida que envelhece, você pode se tornar mandão e hipócrita. Essa será uma mudança dramática, pois origina-se de uma nova consonância para você. A mudança poderá causar tensão em seus relacionamentos.

O significado de seu número de maturidade

O número de maturidade é um número complexo. Sugiro que pense nele em relação aos outros números de seu perfil, bem como em relação à compatibilidade.

NÚMERO DE MATURIDADE 1

Você passará a exigir mais independência e individualidade e precisará lutar mais por reconhecimento e recompensas. Cuide para não se tornar um valentão e combativo.

NÚMERO DE MATURIDADE 2

Sua sensibilidade e sua diplomacia serão ampliadas. Você trabalhará harmoniosamente nos bastidores e orientará de forma suave, não pela força.

NÚMERO DE MATURIDADE 3

Pode se tornar mais sociável e extrovertido. Sua comunicação deve melhorar, assim como sua popularidade e seu potencial criativo. Você pode começar a pintar, a escrever ou a atuar.

NÚMERO DE MATURIDADE 4

Pode se tornar mais planejador e mais pragmático e organizado. Cuidado para não se tornar tenso, inflexível ou muito teimoso. Lembre-se de encontrar um tempo para se divertir!

NÚMERO DE MATURIDADE 5

Viagens, liberdade e eventos inesperados podem dominar a segunda metade de sua vida. Sua habilidade para contar histórias deve se desenvolver e, assim, poderá se tornar mais original e se arriscar mais. Cuidado para não dispersar suas energias.

NÚMERO DE MATURIDADE 6

Família, amigos e a comunidade serão uma preocupação cada vez maior para você. Pode amadurecer como um sábio e se tornar capaz de dar conselhos e proporcionar conforto àqueles que precisam. O número de maturidade 6 traz a promessa de uma velhice segura. Essas costumam ser as crianças que cuidam de pais idosos.

NÚMERO DE MATURIDADE 7

Você deve ter cuidado para não se tornar recluso. Enquanto faz as grandes perguntas da vida, poderá usar seu tempo para ler e dar continuidade à sua educação. Sua intuição ficará mais forte, bem como sua capacidade de formar opiniões singulares e chegar a conclusões únicas.

NÚMERO DE MATURIDADE 8

Você deve aprender a se desatrelar do sucesso material. Alguns indivíduos com esse número nunca se aposentam realmente; por isso, são consumidos pela acumulação e pela ganância. Poderá alcançar o sucesso e a independência financeira se mantiver seu ego sob controle e se concentrar em atos humanitários para manter o equilíbrio.

NÚMERO DE MATURIDADE 9

Sua sabedoria, seu senso de humor e humanitarismo podem prosperar sob este número. O voluntariado e o interesse por artes e cultura lhe trarão alegria. Deve se esforçar para realizar algo de valor duradouro.

NÚMERO DE MATURIDADE 11

O 11 lhe dará experiências intuitivas e psíquicas incríveis à medida que você envelhecer. Aprenda a confiar nelas. Sua sensibilidade e seu julgamento de caráter se aprofundarão. Deve decidir quem terá permissão para entrar em seu mundo e, como consequência, poderá ter relacionamentos duradouros. (Leia também sobre a energia para o número 2.)

NÚMERO DE MATURIDADE 22

Este número de maturidade deve ser alcançado quando o número do caminho de vida for 11 e o número de destino também 11.

Com esse número de maturidade, você terá uma base sólida, uma intuição forte, autoconfiança renovada e um profundo poder pessoal. Essas ferramentas irão ajudá-lo a fazer com que muitos sonhos se tornem realidade, deixando um legado. (Leia também sobre a energia para o número 4.)

NÚMERO DE MATURIDADE 33

Este número de maturidade é obtido quando o número do caminho de vida ou o número de destino são 11 e 22.

Você colocará amor em tudo o que fizer. Poderá, então, trazer sua visão à vida com compaixão, focando sua energia emocional em objetivos mais elevados, que se alinhem com o aprendizado espiritual. (Leia também sobre a energia para o número 6.)

Seu número de maturidade é algo que deve ser abraçado e aguardado ansiosamente. Você está unindo seu caminho de vida e um destino em uma poderosa soma, isto é, da experiência e da sabedoria máxima. Agora, pode dirigir sua vida com confiança e finalmente realizar sonhos.

Números repetidos

Assim que seu perfil principal estiver completo, você perceberá que alguns números podem se repetir — por exemplo, talvez seu número de aniversário e seu número de alma sejam 9, fazendo com que você seja condescendente, às vezes, ou seus números de destino e de personalidade sejam o 1, tornando-o suscetível à agressividade ou ao egoísmo. Os números repetidos do perfil se manifestam de forma intensa. É muito comum ter uma dose dupla do mesmo número — tenho clientes com até 5 (de 7) números repetidos em seu perfil!

Os números repetidos apresentam desafios e oportunidades únicos. Ao reconhecer e estar ciente de alguma intensidade específica em seu perfil, você poderá se esforçar para moderar suas reações e mudar sua abordagem aos desafios.

Há pouco tempo, um cliente me falou de sua sobrinha que nasceu no dia 9 e cujo número do caminho de vida também é 9. Não há nada errado com isso; no entanto, o nome dado a ela também resultou em 9 para seus números de destino, alma e personalidade. Dada a intensa presença do 9 em seu perfil, sua alma deverá batalhar pelo equilíbrio e terá de trabalhar duro para desenvolver outras ferramentas necessárias a fim de enfrentar a intensa vibração do 9 e vivenciá-la (não pude deixar de pensar que isso pode criar uma criminosa profissional ou uma Madre Teresa).

Imagine seu perfil principal como uma caixa de ferramentas. Se você tiver entre quatro e sete números únicos em seu perfil, deverá trabalhar com muitas ferramentas para acessar uma fonte diversificada de habilidades. Se tiver apenas dois ou três números diferentes, suas ferramentas serão um pouco limitadas, então, você terá de trabalhar muito duro para desenvolver habilidades que não estão incluídas em suas habilidades inatas.

Agora que você sabe quem você é, vamos descobrir onde você está neste momento (*timing*) e situá-lo em seus ciclos de vida.

CICLOS PESSOAIS: APROVEITANDO AO MÁXIMO CADA DIA, MÊS E ANO

gora que você tem uma compreensão profunda de si mesmo por meio dos valores numéricos de sua data de nascimento e de seu nome, vamos analisar o que os números podem revelar sobre o dia, o mês e o ano em que você está — e em que direção caminha.

A numerologia trabalha em um padrão evolutivo: um ciclo de nove anos que, ao final, recomeça a partir do 1. Cada ano desse ciclo carrega suas próprias demandas, um ritmo e padrões únicos. Em cada ano há também um ciclo de meses e dias. A energia combinada de seus anos, meses e dias pessoais impacta muito o momento (*timing*) de sua vida e o modo como as coisas se desdobram de forma exclusiva para você. Compreender esses ciclos e suas respectivas energias também pode ajudá-lo a planejar o futuro.

Os ciclos pessoais são um dos aspectos mais emocionantes da numerologia e são preditores incrivelmente precisos dos temas, desafios e oportunidades que você encontrará em um determinado momento. Identificar seu número de atitude oferece uma base para desvendar o mistério desses ciclos.

Seu número de atitude

Antes de entrarmos nos ciclos, precisamos identificar seu número de atitude, pois isso desempenha um papel no cálculo do seu ciclo pessoal. Esse número explica como você se apresenta ao mundo — a atitude e a vibração naturalmente emanadas por você. Algumas pessoas acreditam que há quem seja desprovido de atitude, mas todos nós temos uma postura!

Esse número origina-se do mês e do dia em que você nasceu. Assim como feito em seu número do caminho de vida (ver página 34), primeiro, reduza o mês e o dia a um único dígito e, em seguida, some-os.

DIA + MÊS = NÚMERO DE ATITUDE

EXEMPLO: *1º de dezembro*

DIA DO ANIVERSÁRIO: *O 1 não requer nenhuma redução, então o número do dia é 1*

MÊS: *12 (1 + 2 = 3), então o número do mês é 3*

3 + 1 = 4, então, aqui, o número de atitude é 4

17 de setembro

DIA DO ANIVERSÁRIO: *17 (1 + 7 = 8), então, o número do dia é 8*

MÊS: *9, nenhuma redução é necessária, assim, o número do mês é 9*

8 + 9 = 17 (1 + 7 = 8), de modo que o número de atitude é 8.

Acrescente seu número de atitude ao seu perfil.

O significado de seu número de atitude

Agora que você sabe como calcular seu número de atitude, vamos explorar seu significado. Compreendido pelos outros de forma intuitiva e sem nenhum pensamento consciente, é por meio dele que as pessoas decidem se gostam de você ou não e se elas vibram com você de forma positiva.

Trata das primeiras impressões e dos julgamentos. Por isso, faz sentido dizer que esse é o número que costuma levar a uma contratação.

NÚMERO DE ATITUDE 1

Você é original, deixa sua marca única em tudo o que faz. Pode parecer agressivo, porém, ao mesmo tempo, é muito confiante e capaz. Tem muito entusiasmo e grandes ideias. Não tem medo de confrontos e pode ser muito impulsivo; nem sempre considera as consequências de suas ações e decisões a longo prazo.

NÚMERO DE ATITUDE 2 (OU NÚMERO MESTRE 11)

Sua primeira impressão sobre os outros é de bondade, diplomacia e paciência.

Sua incrível sensibilidade costuma se manifestar como ansiedade. Tenha consciência do que você "pega" dos outros. Você não precisa se apropriar da experiência, do humor, das opiniões ou dos sentimentos de outra pessoa.

Para o número mestre 11, adicione uma quantidade intensa de intuição e uma quantidade ainda maior de sensibilidade aos traços característicos do 2. Você é um sonhador mestre, uma força intuitiva. Seu melhor momento ocorre quando está inspirando os outros.

NÚMERO DE ATITUDE 3

É visto como uma pessoa feliz e despreocupada, contudo, é muito sensível e secretamente teme críticas e desaprovação. Talvez seja disperso, muitas vezes, contando mais de uma história ao mesmo tempo. Adora rir e fazer os outros rirem e é extremamente sociável, inteligente e espirituoso.

Pode parecer temperamental e duro consigo mesmo. Não há necessidade de carregar essa bagagem emocional por aí: trabalhe esse aspecto, e não leve tudo para o lado pessoal.

NÚMERO DE ATITUDE 4 (OU NÚMERO MESTRE 22)

Emocionalmente evasivo, é preciso ter cuidado para não ser visto como insensível ou frio. Mostrar-se vulnerável por meio de seus sentimentos não precisa ser uma fraqueza. Você ama regras, justiça e gosta que as coisas sejam corretas. Aprecia quando outras pessoas percebem suas habilidades organizacionais e gerenciais.

O número mestre 22 tem a energia do 4, potencializado até o poderoso construtor mestre do 22. As pessoas poderão reconhecer sua grande capacidade de construir algo de valor duradouro. Mantenha seu ego sob controle: talvez você pareça egocêntrico.

NÚMERO DE ATITUDE 5

Você usa seu carisma para navegar pela vida e para conseguir o que quer dela. Prefere uma existência rápida de aventuras e diversão; parece não temer nada e está sempre buscando uma sensação intensa. Funciona melhor em um ambiente em constante mudança, dinâmico e até caótico. As pessoas podem perceber sua intolerância ao tédio.

NÚMERO DE ATITUDE 6 (OU NÚMERO MESTRE 33)

Capaz, inteligente e mentalmente ativo, você é ótimo em uma emergência e ainda melhor no controle de narrativas. Sendo um brilhante marqueteiro, sabe o que fazer e quem chamar. As pessoas o veem como um perfeccionista de bom gosto que hesita em se desviar de sua própria visão perfeita das coisas.

NÚMERO DE ATITUDE 7

Você acredita que a conversa trivial é realmente capaz de matá-lo. Caso envolva sorrisos falsos, irá preferir ficar em casa. Adora uma boa planilha. Isso o faz parecer esquivo e desinteressado. Guarda um ar de mistério porque prefere esconder bem as cartas de seu jogo. Prefere observar e fazer perguntas a ter de compartilhar alguma coisa muito pessoal.

Curioso, aprecia muito mais as conversas intelectuais cara a cara em vez de conversas cordiais em grupos. Seu sarcasmo e, por vezes, seu senso de humor cáustico nem sempre são bem recebidos: conheça seu público. As pessoas o acham intrigante, mas difícil de entender.

NÚMERO DE ATITUDE 8

Nascido para liderar. Quando equilibrado, este número é imbatível. Com desejos e dedicação de sobra, seus sonhos são grandes, e isso costuma predispô-lo à decepção. Você projeta confiança e se esforça para manter uma imagem de sucesso.

Às vezes sem tato e teimoso, despreza tudo que desperdice o seu tempo. Afinal, tempo é dinheiro e pode oferecer a estabilidade, a segurança e a liberdade que deseja. Caso se encontre sem recursos ou descontrolado, poderá adotar uma atitude derrotista e sentir raiva. O carma, bom ou ruim, volta rapidamente a você.

NÚMERO DE ATITUDE 9

Você tem uma aura de confiança e charme de sobra. As pessoas costumam se sentir intimidadas por você. A atitude do 9 pode ser polarizadora — as pessoas tendem a amá-lo ou desprezá-lo. Qualquer um com algo a esconder temerá que você o exponha em um nível inconsciente.

Anos pessoais e ciclos

É hora de uma das partes preditivas da numerologia. O ciclo mais relevante e potente que influencia suas experiências é o ciclo do ano pessoal. Esse aprendizado pode lhe proporcionar uma forma de guiar seu caminho.

A numerologia funciona de acordo com um padrão evolutivo: um ciclo de nove anos que, ao final, recomeça a partir do 1. Ao nascer, você não começa necessariamente a partir do início do ciclo de nove anos. Seu ano pessoal é baseado no ano universal em que você nasceu e no ponto em que esse ano cai em seu ciclo. Seu ano pessoal depende do seu número de atitude e do ano em que você nasceu.

Cada ano do ciclo de nove anos carrega suas próprias demandas, seu ritmo e uma personalidade única. Há lições que devem ser aprendidas, opções que podem ser ponderadas e momentos a ser aproveitados dentro de cada ciclo; assim, conhecer seu local no ciclo poderá desvendar mistérios importantes sobre seu caminho de vida.

QUAL É MEU ANO PESSOAL ATUAL?

O primeiro passo para calcular seu ano pessoal é entender o ano universal atual. É aqui que encontramos nossa energia coletiva. Todos nós sentimos a energia do ano universal em algum grau. O impacto de sua vibração é evidente nos ciclos das notícias, nos grandes acontecimentos mundiais e em outros destaques que surgem ao longo do ano.

O ano universal é apenas o ano civil reduzido a um dígito único. Eis alguns exemplos:

2017 $2 + 0 + 1 + 7 = 10\ (1 + 0) = 1$

2022 $2 + 0 + 2 + 2 = 6$

1993 $1 + 9 + 9 + 3 = 22/4$

Ao combinar seu número de atitude com o ano universal reduzido, você encontra o ritmo de sua vida. Esse número revela as possibilidades e perspectivas de seu futuro.

Número de atitude (dia do nascimento + mês do nascimento) + ano universal = número do ano pessoal

Digamos que seu aniversário seja em 25 de agosto.

$25\ (2 + 5) + 8 = 7 + 8 = 15\ (1 + 5) = 6$

Então, seu número de atitude é 6. E estamos em 2019.

$2 + 0 + 1 + 9 = 12\ (1 + 2) = 3$

$6 + 3 =$ **ano pessoal 9**

Sua energia atual do ano pessoal funcionará de janeiro até o final de dezembro. Quando o calendário universal for renovado, seu ano pessoal também será. No caso acima, o ciclo retorna para 1.

É importante estar atento ao "efeito halo" que influenciará os três primeiros e os três últimos meses de qualquer ano pessoal. A nova energia do próximo ano pode começar a ser sentida logo em outubro, e a velha energia do ano anterior pode durar até março. Observe também que, se seu número de atitude for 9, você corresponderá à energia do ano pessoal e sentirá a energia do mundo de forma mais intensa.

O significado de cada ano pessoal

Cada ano do ciclo de nove anos está repleto de diferentes aventuras para ajudá-lo a crescer e evoluir ao longo de sua vida. As experiências, os desafios e as oportunidades únicas de cada ciclo somam conhecimentos importantes e habilidades de enfrentamento à sua caixa de ferramentas.

Alguns anos são mais fáceis que outros; alguns parecem mais rápidos, outros, lentos. Os acontecimentos farão mais sentido porque você será capaz de reconhecê-los e refletir sobre eles pela perspectiva da numerologia. Com essas informações à mão, suas lições serão mais fáceis e sua evolução será mais perfeita.

Aproveite os poderes preditivos do ano pessoal e seja um arquiteto ativo de sua própria vida.

ANO PESSOAL 1: O ANO DOS RECOMEÇOS

Este é o momento de seguir em frente! É uma mudança bem-vinda após o ano 9 do ciclo, período em que você estava desapegando e abrindo espaço para novos começos.

Por causa do efeito halo, você vai perceber que algumas coisas que você esqueceu de abandonar no ano passado ainda estão sumindo aos poucos. O ano 1 pode parecer um início lento, mas é o momento perfeito para definir suas intenções, plantar sementes, cultivar suas ideias e pôr em marcha os planos para torná-los reais. Tudo o que acontecer nesse período afetará diretamente suas recompensas ou sua colheita no seu próximo ciclo.

Agora, você tem disponível uma confiança recém-descoberta. Você tem força e é realmente capaz de fazer as coisas acontecerem. Esse ano criará movimento, progresso e passará rapidamente. É uma fase em que você pode estar mais agressivo. Tente se relacionar bem com os outros, não seja cabeça-dura e peça ajuda quando precisar.

ANO PESSOAL 2 E 11/2: O ANO DOS RELACIONAMENTOS E DA PACIÊNCIA

Este é o ano de cuidar das sementes que foram plantadas no ano 1. Seu tempo será bem gasto se você o usar para cuidar das grandes ideias que colocou em movimento no ano anterior.

Poderá criar vínculos fortes e conhecer pessoas que podem ajudá-lo a promover seus objetivos e sonhos. É um ótimo momento para conexões românticas e a expansão da família.

Esse ano é um pouco mais lento do que o último, por isso, sua paciência e sua capacidade de transigir serão colocadas à prova. Sua sensibilidade ficará aguçada.

Ano do número mestre 11: Se imaginar o 11 como dois 1 se juntando (se casar, ter um bebê) ou se separando (divórcio, partida de um ente querido), perceberá como esse ano envolve acontecimentos predestinados no que diz respeito aos relacionamentos. Sua intuição está alta, então, confie em seus instintos.

Observe se você está sendo manipulador, cabeça-dura ou egoísta, que decorrem da baixa vibração da energia do 1 dobrado.

ANO PESSOAL 3: O ANO DOS ACONTECIMENTOS SOCIAIS E EMOCIONAIS

Seu ano pessoal 3 terá muita atividade social e talvez você se perceba mais popular do que o normal. O 3 é o grande criador de vínculos: mantenha-se aberto para convites. Nesse ano, o Universo vai gerar alguns vínculos para você! Deixe-os acontecer. Este é o ano do "sim". Aceite todos os convites que receber e conheça o máximo de pessoas que puder.

Também será um ano emocional, envolvendo TODAS as emoções: raiva, medo, tristeza, alegria, frustração e muito mais. Encontre uma válvula de escape criativa para canalizar esse aumento de sua energia emocional. Nesse ano, sua criatividade e suas habilidades comunicativas estarão no auge.

Esse também é o seu encontro com o destino! Em um ano 3, você provavelmente conhecerá alguém que causará um grande impacto em sua vida ou lhe oferecerá uma oportunidade de mudança de vida.

O 3 ama a expansão. Tenha cuidado para não exagerar e adornar demais. Seja ainda mais cauteloso quanto ao ganho de peso.

ANO PESSOAL 4 E 22/4: O ANO DA DISCIPLINA E DOS DETALHES

Alguns livros de numerologia podem assustá-lo, afirmando que seu ano pessoal 4 exigirá uma quantidade absurda de trabalho duro.

Mantenha-se focado e dedicado: você deverá também cuidar dos detalhes, evitar a procrastinação e seguir as regras. Se desrespeitar as regras, haverá consequências. Se correr, receberá uma multa; se mentir, será exposto. Cuide para não deixar a saúde de lado. Mantenha o controle de seus *check-ups* anuais.

Nesse ano é preciso desapegar e aprender a confiar no divino. Siga com a correnteza e não force as coisas, ou elas contra-atacarão — fortemente!

Ano do número mestre 22: O ano 4 é o momento em que você coloca as coisas em ordem e, assim, cria uma base para construir seus sonhos. Suas lições: manter o ego sob controle e aprender a superar obstáculos que estão fora de seu controle. Como parte de seus planos principais, será importante confiar nos outros.

ANO PESSOAL 5: O ANO DA MUDANÇA, DA LIBERDADE E DA AVENTURA

No ano 5 você pode começar a se sentir cobrado e deve estar pronto para mudar. Este é o meio do caminho do seu ciclo, e você pode estar ansioso por algo novo. Nesse ano, costuma-se desejar comprar uma casa nova, um carro, dar uma guinada na carreira ou encontrar a pessoa amada. O ano 5 é um ano social e um bom momento para começar um novo relacionamento romântico. Também é um ano fabuloso para viajar, aventurar-se e experimentar coisas novas. Dê atenção especial às pessoas e oportunidades novas que surgirem em seu caminho.

Esteja alerta com seu envolvimento em dramas e fofocas esse ano — você irá atraí-los como um ímã! Também pode se sentir um pouco desajeitado ou propenso a acidentes.

ANO PESSOAL 6: FAMÍLIA E RESPONSABILIDADE

Seu ano pessoal 6 rege o casamento, o divórcio, o nascimento e a morte, a família, sua casa e seus animais de estimação. A qualidade demônio/anjo do 6 também se aplica a esse ano.

O ano 6 rege a educação, então talvez você volte para a escola ou faça aulas ou oficinas nos fins de semana. É um ótimo ano para aprender algo novo. Seu magnetismo pessoal está forte esse ano, então pode ser um ano de romance e namoro bem-sucedidos.

Assim, é de esperar que alguns dos melhores e alguns dos mais emocionalmente difíceis acontecimentos de sua vida aconteçam durante o sexto ano do ciclo. Você pode se casar e, meses depois, perder um ente querido ou um animal de estimação.

ANO PESSOAL 7: O ANO DA ESPECIALIZAÇÃO E DOS CUIDADOS PESSOAIS

Agora é a hora de se tornar *expert* em algo. Especialize suas habilidades e satisfaça a sua curiosidade. Esse é um grande ano para fazer uma busca espiritual ou explorar a metafísica.

Esse também é o ano dos cuidados pessoais. Encontre um tempo para si mesmo.

A proximidade da natureza ou da água fará maravilhas para sua alma. Também é um bom momento para começar a praticar meditação ou yoga. Durante esse ano, haverá momentos em que você provavelmente se sentirá recluso, preferindo ficar em casa em vez de sair. No entanto, deve se proteger contra a depressão. O ano 7 irá forçá-lo a avaliar sua vida e seus sentimentos.

ANO PESSOAL 8: O ANO DA REALIZAÇÃO, DA AUTORIDADE E DO DINHEIRO

O ano pessoal 8 tem o entra e sai do dinheiro como tema. Tudo é possível nesse ano — você poderá ganhar na loteria ou pedir falência.

As figuras de autoridade, boas ou ruins, serão importantes em sua vida nesse período. Esse é um ótimo ano para ser promovido ou começar seu próprio negócio.

Muitas recompensas ocorrem no ano 8. Elas são um reflexo direto dos esforços empreendidos desde o ano 1. Há disponibilidade de ganhos materiais, sucesso, segurança financeira e *status*. Cuidado! O 8 é o número de inversões completas e totais, por isso é fácil ver-se indo de cima para baixo; mantenha-se equilibrado com base em seus esforços anteriores.

Se já pensou nisso, aja agora. No ano 9 será tarde demais para começar novos empreendimentos. Esta é sua última chance de tentar algo antes do novo ciclo.

Tenha cuidado para não tornar as coisas mais complicadas do que precisam ser. Sua mágica se encontra no equilíbrio e na autenticidade.

ANO PESSOAL 9: O ANO DE CONCLUSÃO E LIBERTAÇÃO

Este é o ano para completar as coisas e deixar de lado o que não serve mais. Você chegou ao final do seu ciclo de nove anos e está preparado para receber as recompensas de todo o seu crescimento e de seu trabalho duro.

Se tentar começar algo durante o nono ano, como relacionamentos ou um novo emprego, eles provavelmente não vão durar. Sua coragem e sua força serão testadas. Relações tóxicas vão desaparecer, e os problemas persistentes podem ser solucionados. Esse é o momento de resolução e cura.

O perdão é importante nesse ciclo. Liberte o passado para abrir espaço para o seu futuro. Você não vai querer viver ao lado do ressentimento quando já for possível vislumbrar grandes emoções nas perspectivas do início de seu próximo ciclo de nove anos. Abra espaço para sonhar grande e fazer planos.

Existem problemas de atitude?

Sabe aquelas situações em que, às vezes, você está em sintonia com alguém e, às vezes, não? Isso, em grande parte, ocorre graças ao seu número de atitude, que determina tanto sua abordagem da vida quanto seus ciclos. Se você quiser examinar sua compatibilidade com alguém, dê uma olhada em seus números de atitude. Se os números de atitude fizerem parte da mesma consonância (ver página 77), vocês estão prontos para um ótimo começo, e, na maioria das vezes, você e essa pessoa estarão em equilíbrio.

A maneira mais significativa de revelar desarmonia ou incompatibilidade é por meio dos números de estresse. Para calcular o número de estresse você usará subtração na numerologia. Sendo assim, subtraia o menor número de atitude do maior. Por exemplo:

Seu número de atitude é 9 e o número de atitude do seu melhor amigo é 6.

9 – 6 = 3

Isso significa que o número de estresse da atitude entre vocês é o número de atitude 3.

Os números de estresse revelam seu passo natural com outra pessoa. Quando se está ciente desse número, é possível usar quaisquer desafios a seu favor. Ele lhe informará se vocês podem viajar ou trabalhar juntos com sucesso e o que será necessário para fazer o relacionamento funcionar. Isso se aplica a todos os relacionamentos, às parcerias e aos vínculos de família e de trabalho.

Para a compatibilidade romântica, também será preciso verificar o número de estresse da alma, que exploramos no capítulo 6 (ver página 133).

Número de estresse da atitude 1: Vocês precisarão ter independência entre si e apreciar o individualismo. Não seja egoísta ou cabeça-dura.

Número de estresse da atitude 2: Vocês precisarão praticar a paciência um com o outro, ser sensíveis às necessidades um do outro e fazer concessões.

Número de estresse da atitude 3: Será preciso compartilhar experiências divertidas, ser sensível às emoções e não dizer coisas em relação às quais não possam voltar atrás. Uma boa comunicação é fundamental para evitar mal-entendidos.

Número de estresse da atitude 4: Isso pode dar algum trabalho. Tentem não ser controladores e inflexíveis. Vocês precisarão dar atenção à vulnerabilidade dos sentimentos, aos limites justos e à vontade de gerar um esforço conjunto.

CICLOS PESSOAIS **97**

Número de estresse da atitude 5: Talvez vocês tenham um relacionamento não tradicional, pois um ou ambos podem ter uma grande necessidade de liberdade. Também será preciso manter as coisas interessantes e divertidas. A monotonia e a rotina serão problemáticas para esse relacionamento. O tédio pode levar a algumas batalhas épicas. Evite os dramas desnecessários.

Número de estresse da atitude 6: Os problemas familiares podem alcançar esse relacionamento, e isso fará a outra pessoa se sentir como uma segunda escolha. Evite opiniões inflexíveis. Vocês dois terão de ser responsáveis e parar de marcar os pontos de quem faz mais ou menos coisas.

Número de estresse da atitude 7: Neste par, os dois precisam de momentos de solidão. Vocês conseguem passar um tempo significativo juntos sem falar, apenas desfrutando da energia um do outro enquanto cada um faz suas próprias coisas. Algum tipo de base espiritual é importante aqui.

Número de estresse da atitude 8: Há possibilidade de lutas de poder. Para que esse relacionamento funcione bem, ambos precisam deixar que o outro tome as decisões no momento apropriado e que, em vez de brigar, ofereça apoio. É possível que seu relacionamento acabe parecendo algo que só dá trabalho. O dinheiro pode ser um problema.

Número de estresse da atitude 0: Essa relação é um espelho. Tende a funcionar porque vocês querem as mesmas coisas ao mesmo tempo. Por outro lado, seus maus hábitos também serão refletidos. Esse relacionamento pode se tornar narcisista, pois a outra pessoa só é admirada pelas qualidades compartilhadas. Identifique seus maus hábitos, e vocês obterão um crescimento pessoal real dentro desse relacionamento.

Vibração da idade

Acredito que a idade de uma pessoa deve ser estudada como sua vibração única e própria.

Para encontrar sua vibração da idade, some e reduza os dígitos da sua idade para obter um dígito único. Por exemplo, se você tem 43 anos (4 + 3) = 7, sua vibração da idade é 7.

Aplique o que você aprendeu sobre a energia dos ciclos do ano pessoal a este número. Essa energia será uma subcorrente de seu ano pessoal. Sua vibração da idade valerá entre um aniversário e o outro, momento em que deverá ser recalculada.

Preste atenção especial nas vibrações da idade que contenham um número mestre, por exemplo, 22, 33, 44, 55, 66, e assim por diante. Esses anos englobam acontecimentos predestinados e significativos!

Meses e ciclos pessoais

Enquanto seu ano pessoal revela o tema do ciclo de vida em que você está, o mês pessoal é uma energia secundária que o ajuda a completar suas tarefas e lições. Os meses pessoais são como um tempero que se acrescenta à energia de seu ano pessoal. Por sua vez, cada ano pessoal oferece um sabor diferente aos seus meses pessoais. Esses dois números trabalham em harmonia, servindo como guia para a jornada de crescimento de sua alma.

QUAL É MEU MÊS PESSOAL ATUAL?

Seu mês pessoal também funciona em um ciclo de 1 a 9. Para calcular seu mês pessoal, some:

ano pessoal atual + mês atual do calendário

Por exemplo, seu ano pessoal é 5, e você está no mês de julho. Julho é o sétimo mês, então:

Ano pessoal 5 + mês 7 = 12 (1 + 2) = 3. Você se encontra no mês pessoal 3.

Ou digamos que você esteja em um ano pessoal 7 e no mês de abril, o quarto mês do ano:

7 + 4 = 11/2

Você está em um mês pessoal 11/2.

O significado de seu mês pessoal

Ao compreender as ferramentas singulares oferecidas por cada mês, você pode planejar de acordo com esse entendimento. Use a energia disponível para você! Por exemplo, em seu mês 1, prepare seu plano, promova-se em seu mês 3, venda sua ideia em seu mês 5 e planeje visitar a família em seu mês 6.

Há doze meses em um ano, porém a numerologia funciona em um ciclo de nove; assim, todo ano terá três meses em que a energia numerológica será repetida. Janeiro, fevereiro e março têm a mesma energia de outubro, novembro e dezembro.

O efeito halo oferece uma nova vibração para a segunda rodada desses números.

MÊS PESSOAL 1

Comece! Dê início a algo novo e manifeste seus planos com a Lua Nova.

MÊS PESSOAL 2 (OU MESTRE 11)

O foco desse mês estará nos relacionamentos. Coopere e seja paciente.

MÊS PESSOAL 3

Esse mês é seu encontro com o destino. Socialize, divirta-se e encontre uma válvula de escape criativa. Suas emoções estarão fortes.

MÊS PESSOAL 4

Não procrastine! Cuide dos detalhes e de tudo o que você deixou a ser feito. Mantenha o controle de sua saúde.

MÊS PESSOAL 5

Evite fofocas e dramas. Abrace a mudança. Você pode estar desequilibrado e propenso a acidentes neste mês.

MÊS PESSOAL 6

Embeleze seu entorno. Concentre-se na família e nos animais de estimação.

MÊS PESSOAL 7

Torne-se especialista em alguma coisa. Investigue e pesquise. Os cuidados pessoais são importantes agora. Talvez você se sinta recluso.

MÊS PESSOAL 8

Este mês traz a movimentação do dinheiro: possibilidade de receber um prêmio ou um fundo inesperado. Cuidado — isso também pode desaparecer rapidamente em consequência de gastos imprevistos.

MÊS PESSOAL 9

Perdoe, livre-se das coisas, doe seu tempo e seu dinheiro e realize atos voluntários de bondade. Recolha sua recompensa! Trabalhe na Lua Cheia para liberar e criar espaço para novas bênçãos em seu próximo ciclo de nove meses.

A magia de outubro

Setembro é o nono mês e sempre será o mesmo que seu ano pessoal. Durante esse mês, seu ano e mês pessoais estão intensificados. Em outubro, você estará pronto para uma folga.

Preste atenção especial no mês de outubro. Ele mostra os presságios do que está por vir. Contém a vibração numérica do que será o tema de seu próximo ano pessoal. Você pode influenciar conscientemente essa energia enviando mensagens para o Universo sobre o que você deseja e quer evocar.

Caso tenha problemas para cumprir horários em seus compromissos, seja pontual em outubro e tudo será menos difícil no ano seguinte. Precisa de mais tempo para ler? Arranje tempo para ler agora e o hábito não o deixará. Se definir o tom em outubro, o Universo o ajudará a alcançar o que se propuser a fazer no restante de seu ano. Preste atenção nos eventos inesperados e não planejados — pense em possíveis acidentes, reuniões fortuitas ou atrasos de viagens —, pois poderão ser dicas do que acontecerá no ano seguinte.

Também sou diligente, nesse período, quanto ao que não quero mais: por exemplo, eu não levo meu cachorro ao veterinário, não vou ao dentista, ou não levo meu carro para trocar o óleo. Não quero mais dessas coisas no meu ano, e somente as farei caso seja absolutamente necessário.

Preencha outubro com o que você ama e estabeleça intenções claras.

Isso vale para todo o mês de outubro, para todo mundo!

Os ciclos mais e menos compatíveis

Determinados meses e dias fluirão melhor em certos anos do que em outros. Alguns funcionam de forma bastante harmoniosa; outros estão em oposição.

Por exemplo, se você está em um ano 7 e mês 3, esses dois números desejam coisas diferentes. Enquanto o ano pessoal 7 pode estar fazendo você se sentir recluso, o mês 3 quer ser extremamente social: isso leva à desordem interna. O 7 também governa suas faculdades mentais e a depressão; quando combinado com a energia emocional do 3, você poderá atingir um novo nível de sentimentos que nem sabia que existia.

O mês pessoal 1 (haverá dois) do seu ano pessoal 9 pode criar um verdadeiro empurra-empurra em sua vida. Enquanto o 9 quer concluir as coisas, a energia agressiva do 1 deseja começar coisas novas.

Aprender a equilibrar essas duas energias poderosas e aproveitar suas vibrações são as melhores maneiras de você se realizar ao longo do ano e alcançar seus objetivos.

Em um ciclo numericamente compatível, você terá uma grande oportunidade para progredir e obter sucesso. Por exemplo, o mês 4 de um ano 8 pode trazer organização para seus impostos ou pendências administrativas. Se, por um lado, o 4 oferece a energia natural para os detalhes e a disciplina, o 8, por sua vez, irá ajudá-lo a explorar as ferramentas para finalizar projetos ou criar uma base sólida para os negócios e para a carreira.

O mês 9 de um ano 6 pode proporcionar a motivação para concluir uma reforma ou um projeto em sua casa. Você será finalmente capaz de perceber e desfrutar sua visão criativa.

Ciclos compatíveis fazem os problemas desaparecerem. Portanto, quando seus ciclos estão em harmonia, até mesmo as situações difíceis parecem mais fáceis de lidar e proporcionam mais oportunidades de mudança e crescimento.

Dias e ciclos pessoais

Os dias pessoais são a camada final de seu ciclo. Embora a energia dos dias tenha menor força do que a do ano pessoal ou mês pessoal, ela contém informações importantes que podem guiá-lo na escolha de datas especiais, como, por exemplo, quando realizar conversas ou cirurgias importantes, planejar algum grande evento como um casamento ou tomar determinadas medidas.

A melhor maneira de entender o impacto dos dias pessoais é prestando atenção nos acontecimentos pessoais. Por exemplo, você pode obter um aumento em um dia pessoal 8 ou ir a um encontro fabuloso em um dia pessoal 11/2 ou em um dia 6. Você poderá descobrir quais dias são melhores para você e por que determinado dia é mais propício.

QUAL É MEU DIA PESSOAL ATUAL?

Para calcular seu dia pessoal, some o dia do calendário ao seu mês pessoal (ver página 100).

Dia do calendário + mês pessoal

Por exemplo, digamos que hoje é dia 6 de março e você está em um ano pessoal 5. Março é o terceiro mês do ano, então:

Ano pessoal 5 + 3º mês = mês pessoal 8

Dia 6 do calendário + mês pessoal 8 = dia pessoal 14/5

Ou então, que hoje é 15 de dezembro e você está em um ano pessoal 4. Dezembro é 12º mês, então:

Ano pessoal 4 + 12º mês (1 + 2 = 3) = mês pessoal 7

Dia 15 (1 + 5 = 6) do calendário + mês pessoal 7 = dia pessoal 13/4

O significado de seus dias pessoais

Saber qual é seu dia pessoal oferece luz às sutilezas da vida. Seu ano e mês pessoais acrescentam uma coloração especial a cada dia.

DIA PESSOAL 1

Este é um dia de grandes ideias, um dia para começar algo. Concentre-se em si mesmo, mas não seja egoísta ou cabeça-dura. É hora de ser decisivo, ambicioso e realizar ações com confiança.

DIA PESSOAL 2

Seja paciente e cuide dos detalhes. Dedique-se aos relacionamentos e à cooperação. Este é um dia leve. Você se sentirá sensível e intuitivo e poderá ter sonhos vívidos.

DIA PESSOAL 3

Seja criativo, passe tempo com amigos e se comunique. Aceite todos os convites que receber. Pratique a gratidão. Evite comportar-se como quem tem direitos especiais. Este é um dia de sorte!

DIA PESSOAL 4

Organize-se. Concentre-se em sua saúde. Procure não ser rígido, tenso ou controlador. Não procrastine. Cuide dos detalhes para se aproximar mais de seu objetivo. Siga as regras ou enfrente as consequências.

DIA PESSOAL 5

Faça uma mudança, contatos ou se promova. Tente não ser muito impulsivo. Concentre sua energia. Esteja pronto para a mudança; é possível que o dia não corra conforme seus planos.

DIA PESSOAL 6

Preste atenção em sua família, em seus animais de estimação e em seu lar. Embeleze algo. Tenha cuidado com suas convicções arraigadas. Concentre-se em assuntos domésticos e canalize sua energia de acolhimento. Visite seu terapeuta, vá ao cabeleireiro, aprenda algo novo.

DIA PESSOAL 7

É hora de solidão e silêncio. Descanse e reavalie. Medite. Passe um tempo ao ar livre, perto da água, ou lendo. Talvez você se sinta recluso. Os cuidados pessoais são uma prioridade.

DIA PESSOAL 8

Lide com dinheiro, peça um aumento, cobre suas dívidas, pague contas, assuma o controle. Tenha cuidado para não repetir lições ou erros. Cuide de suas coisas para progredir e obter sucesso. Hoje é um dia de equilíbrio para o carma. Talvez você tenha problemas com figuras de autoridade.

DIA PESSOAL 9

Termine as coisas. Libere e perdoe. Pratique atos aleatórios de bondade. Ofereça alguma coisa. Finalize projetos e detalhes.

Juntando tudo

Quer você esteja ciente do ciclo ou não, sua vida se desenrola em um padrão distinto de acontecimentos que o ajudam a seguir pela estrada de seu crescimento pessoal.

Agora que você conhece os temas e padrões de seus ciclos de nove anos, você poderá detectar janelas de oportunidade e evitar desordens desnecessárias.

O mapeamento de seu ano não precisa ser complexo. Defina lembretes, escreva em um calendário e faça anotações em seu celular; com o tempo, isso acabará se tornando algo instintivo. Consultar os números do seu ano, mês e dia pessoais antes de tomar grandes decisões ou fazer mudanças lhe dará clareza, foco e tranquilidade.

Tudo está realmente nos números! E há ainda mais a ser revelado...

GRÁFICOS E SETAS

Passaremos agora para a prática intrigante do mapeamento de números significantes, e iremos explorar o que esses gráficos revelam sobre a natureza interior de uma pessoa.

Em especial, irei ensiná-lo a criar um mapa do nascimento e um mapa do nome e como interpretar as "setas" desses mapas para aprofundar seu conhecimento numerológico. Essas tabelas se originam da disciplina mágica da aritmancia. A palavra *aritmancia* vem da palavra grega *arithmos*, que significa número, e *mantia*, que significa adivinhação. A aritmancia é o estudo da adivinhação através dos números.

Você deve se lembrar de Hermione Granger tendo aulas de aritmancia nos livros de Harry Potter. Em nosso mundo, a numerologia e a aritmancia estão intimamente relacionadas. Não é só para magos! Tudo de que você precisa é papel e lápis.

Criação do mapa do nascimento

Quando combinado com outros cálculos de aritmancia, o mapa do nascimento revela importantes pontos fortes e sombras da personalidade. Os mapas do nascimento também são frequentemente chamados de numerologia cármica, setas de Pitágoras, linhas de energia, Lo Shu ou quadro mágico (aritmancia chinesa) e linhas de Pitágoras. Embora a aritmancia de tabela tenha sido desenvolvida de forma alheia aos ensinamentos pitagóricos, também utiliza o sistema de 1 a 9. Pessoalmente, acho que as interpretações desses gráficos são muito amplas, mas podem trazer uma nova nuance de entendimento às suas leituras.

Para criar seu mapa do nascimento, primeiro, desenhe uma tabela com três linhas e três colunas que possa conter os números de 1 a 9, como no exemplo a seguir. Depois, escreva APENAS os números de sua data de nascimento. Diferentemente dos outros cálculos que fizemos, neste você NÃO deve reduzir os números. Use dois dígitos para o mês, dois dígitos para o dia e quatro dígitos para o ano. Coloque os números 1 na célula inferior esquerda, os 5 na célula central, e assim por diante, até registrar a data completa mapeada em seu gráfico. Quaisquer zeros ficam do lado de fora da tabela, na borda inferior.

3	6	9
2	5	8
1	4	7

0

Esta é uma tabela de aritmancia. Vejamos alguns exemplos de mapas:

Elvis Presley
Nascimento: 8 de janeiro de 1935 (08 01 1935)

3		9
	5	8
11		

00

Stevie Nicks
Nascimento: 26 de maio de 1948 (26 05 1948)

	6	9
2	5	8
1	4	

0

Lady Gaga
Nascimento: 28 de março de 1986 (28 03 1986)

3	6	9
2		88
1		

0

Em seu mapa do nascimento, as células em branco representam lições cármicas (ver página 75). Verifique quais células estão vazias para você e busque o significado de cada número quando se trata dessas lições. Você

GRÁFICOS E SETAS 113

encontrará dificuldades e desafios semelhantes reiteradamente até dominar os ensinamentos.

Os zeros na parte inferior do mapa do nascimento representam dívidas cármicas não resolvidas que foram acumuladas em encarnações anteriores. Quanto mais zeros, mais dívidas cármicas. Essas dívidas devem ser pagas nesta vida se você não quiser carregá-las para a próxima.

O significado de seu mapa do nascimento

Os significados dos números nos mapas do nascimento são semelhantes aos seus significados clássicos na numerologia com o acréscimo de algumas nuances. O significado da tabela geral é revelado por meio da localização dos números — a localização em termos de linhas, colunas e na diagonal. Linhas horizontais completas expressam força nos reinos mental, emocional e físico. Números ausentes revelam uma fraqueza em um plano específico.

Os números do mapa do nascimento representam:

1 — ego, identidade, desenvoltura, liderança;

2 — dualidade, sensibilidade, desequilíbrio, a mente consciente;

3 — criatividade, assertividade, iniciativa, ação, serviço;

4 — praticidade, instintos, lógica, materialismo;

5 — flexibilidade, tolerância, adaptabilidade, vontade de aprender, os cinco sentidos;

6 — imaginação, fantasia, ideias originais;

7 — limites, tempo, apegos materiais, espiritualidade;

8 — a mente inconsciente, equilíbrio, transformação material;

9 — altruísmo, romance, sabedoria, generosidade, talentos artísticos.

PRIMEIRA LINHA: O PLANO MENTAL 3, 6 e 9

Essa linha rege o intelecto, o pensamento, as ideias, a criatividade, a inovação, a imaginação e a análise. Ter todos os números nessa linha significa que você tem uma boa capacidade crítica. Se houver números ausentes nessa linha, você pode ser uma pessoa hesitante e não muito dinâmica.

LINHA DO MEIO: PLANO DA ALMA OU EMOCIONAL 2, 5 e 8

Esse plano governa a sensibilidade, as emoções e a espiritualidade. Se tiver todos os números dessa linha, você é emocionalmente equilibrado, criativo e intuitivo. Caso haja números ausentes nessa linha, você poderá exibir algum nível de confusão emocional e ser excessivamente sensível.

LINHA INFERIOR: O PLANO FÍSICO 1, 4 e 7

Ter todos os números presentes na linha inferior sugere boa saúde, força e habilidade física. Caso haja números ausentes, isso revelará uma personalidade pouco prática e estranha.

Setas nos mapas do nascimento

Existem oito linhas possíveis de números na tabela: três linhas horizontais, três verticais e duas diagonais. São chamadas de setas de força. Ter uma tabela com algum grupo de linhas completas é quase como ter um superpoder. Essas setas representam uma força inerente ou genética e habilidades ou dons extras em uma área específica. Você pode explorar esses dons quando se depara com uma situação estressante ou difícil, momento em que eles ajudarão a fazer sua vida fluir.

Também há oito linhas possíveis de números *ausentes* na tabela: três linhas horizontais, três verticais e duas diagonais. Essas são as setas de fragilidade. Essas setas criam desafios em uma área específica. Se uma de suas linhas estiver vazia, talvez você tenha de se esforçar mais para equilibrar alguns aspectos de sua personalidade. As lições dessas setas vazias emitem luz para a oportunidade de crescimento e para a evolução da alma.

É possível que sua tabela não tenha nenhuma linha completa ou vazia. Tudo bem. Caso não tenha linhas vazias, suas lições serão menos óbvias e menos intensas.

O quadro completo é formado por todas as setas juntas. Vamos dar uma olhada.

Há um total de 16 setas possíveis, e cada gráfico terá pelo menos duas células vazias.

SETA DA DETERMINAÇÃO: 1, 5 E 9

Determinação, persistência, força de vontade, unidade ou capacidade de superar adversidades.

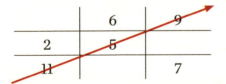

SETA DA RESIGNAÇÃO: 1, 5 E 9 AUSENTES

Falta de motivação, indecisão, timidez, indiferença e renúncia (ninguém nascido entre os anos de 1889 e 1999 tem esta seta de fragilidade).

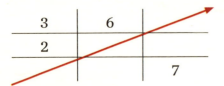

SETA DA ESPIRITUALIDADE: 3, 5, 7

Compaixão, espiritualidade, fé, convicções fortes e intuição oculta.

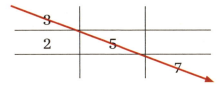

SETA DO CETICISMO: 3, 5 E 7 AUSENTES

Ausência de espiritualidade, pouca consciência emocional, hesitação.

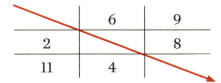

SETA DO INTELECTO: 3, 6, 9

Inteligência, lógica, memória excepcional, busca, solução de problemas.

3	6	9
1		7

SETA DA MEMÓRIA FRACA: 3, 6 E 9 AUSENTES

Esquecimento, pouca concentração, falta de simpatia, desinteresse, fuga da responsabilidade (ninguém nascido entre 1889 e 1999 tem essa seta de fragilidade).

22		8
1	4	

SETA DO EQUILÍBRIO EMOCIONAL: 2, 5, 8

Sensibilidade aguçada, empatia, carência, seriedade.

	6	
2	5	8
1		

SETA DA HIPERSENSIBILIDADE: 2, 5 E 8 AUSENTES

Sensibilidade, sentimentos de inferioridade, intimidação, intuição para a cura (essa seta de fragilidade não aparecerá novamente até o ano 3000).

	66	9
11		7

SETA DA PRATICIDADE: 1, 4, 7

Música, criatividade, artes manuais, responsabilidade financeira.

	6	9
2		
1	4	7

SETA DA IMPRATICABILIDADE: 1, 4 E 7 AUSENTES

Sonhos, dificuldades, gastos excessivos, problemas de saúde. (Ninguém nascido entre 1000 e 1999 tem essa seta de fragilidade. Veremos a seta da impraticabilidade em pessoas nascidas depois de 2000.)

	6	99
2		

SETA DO PLANEJADOR: 1, 2, 3

Organização, disciplina, habilidade, realização.

3		99
2	5	
1		

SETA DA CONFUSÃO: 1, 2 E 3 AUSENTES

Confusão, falta de organização, falta de compromisso, mal-entendidos (esta seta de fragilidade não aparecerá novamente até o ano 4000).

	6	99
	4	

SETA DA VONTADE: 4, 5, 6

Determinação, força de vontade, foco, perseverança, firmeza.

	6	9
	5	
1	4	

SETA DA FRUSTRAÇÃO: 4, 5 E 6 AUSENTES

Decepção, indecisão, resistência à mudança, trabalho duro, desafios, contratempos.

3		99
2		8
1		

SETA DA ATIVIDADE: 7, 8, 9

Resistência (mental e física), energia, atividade.

	6	9
		8
11		7

SETA DA HESITAÇÃO: 7, 8 E 9 AUSENTES

Procrastinação, preguiça, falta de fé, desorganização (ninguém nascido entre 1889 e 1999 tem essa seta de fragilidade).

3		
2	55	
1		

Você pode derivar muitos significados e combinações possíveis dos mapas do nascimento. Use-os em sua prática numerológica para obter mais compreensão de si mesmo e dos outros!

Crie seu mapa do nome

O mapa do nome é ainda mais rico em informações do que o mapa do nascimento. Para criar seu mapa do nome, escreva seu nome completo em uma folha de papel e, abaixo de cada letra, escreva o valor do número correlacionado (veja as letras e seus números na página 55).

Agora, mapeie esses números nas células vazias de uma tabela 3 x 3, da mesma forma que você fez em seu mapa do nascimento. Observe que os números mestres estão excluídos dos mapas do nome.

Eis um exemplo:

```
E  L  V  I  S      A  A  R  O  N      P  R  E  S  L  E  Y
5  3  4  9  1      1  1  9  6  5      7  9  5  1  3  5  7
```

Agora, mapeie esses números nas células vazias de uma tabela 3 x 3, da mesma forma que você fez para sua data de nascimento.

A tabela do nome de Elvis fica assim:

33	6	999
	5555	
1111	4	77

O significado de seu mapa do nascimento

A primeira coisa que você deve observar em seu mapa do nome são as células ausentes ou vazias. Estas revelam as lições cármicas (ver página 75) que surgem dos números não representados em seu nome completo. O mapa de Elvis revela a lição do 2 e a lição do 8.

A segunda coisa que você pode aprender com um gráfico de nomes é o número de intensidade de uma pessoa. Este é o número que mais se repete em seu mapa do nome e revela certos traços característicos que são mais intensos do que outros. Por exemplo, no gráfico do Elvis você vê quatro 1 e quatro 5.

Examinemos cada número do mapa do nome.

INTENSIDADE 1

Em média, as pessoas têm entre um e três 1 em seu nome. Se esse for o caso, você deve ser assertivo e motivado. Com mais de quatro 1, você pode ser considerado forte e independente e se destacar na multidão.

Seis ou mais é considerado uma intensificação excessiva, fazendo com que a pessoa seja agressiva, competitiva, cabeça-dura, arrogante e possivelmente propensa a dores de cabeça.

Caso não tenha nenhum 1, pode lhe faltar confiança e independência.

INTENSIDADE 2

A média de 2 em um mapa é um. Isso fará de você alguém atencioso, disposto a ajudar e sensível em relação aos outros. Caso tenha mais de dois 2, você também poderá ser diplomático e detalhista, ter um bom senso de ritmo e tempo e ter a capacidade de unir as pessoas. Quanto mais 2 você tiver, mais sensível você será.

Caso não tenha 2, você pode ser um tanto impaciente e imprudente.

INTENSIDADE 3

Ter um ou dois 3 em seu mapa o faz ser expressivo em relação a si mesmo e em relação a seus sentimentos e lhe proporciona a capacidade de se divertir. Mais de três 3 significa que você pode ser orgulhoso, embora seja criativo e eloquente, e também um pouco disperso. Pode ter dificuldade para manter o foco.

Caso não tenha 3, talvez tenha dificuldade para se comunicar e se expressar.

INTENSIDADE 4

Se você tiver o número médio de dois 4 em seu nome, isso lhe garantirá praticidade e capacidade de concluir as atividades iniciadas. Ter de três a cinco 4 lhe dará habilidades únicas para construir coisas com impacto e valor duradouros. Ter mais de cinco 4 é uma intensificação e poderá torná-lo controlador, rígido, teimoso e viciado em trabalho.

Caso não tenha 4, você poderá ter dificuldade para se manter organizado e concluir as coisas. Talvez tenha dificuldades para se concentrar.

INTENSIDADE 5

Um número comum, o número médio de 5 em um nome é cinco, o que poderá resultar em desenvoltura e adaptabilidade. Uma quantidade maior de 5 irá intensificar o poder desse número, tornando-o dramático e propenso ao vício; além disso, você terá dificuldade para concluir tarefas.

Caso não tenha 5 ou tenha apenas um, poderá ter dificuldades para se adaptar e não apreciará mudanças e multidões, o que pode fazer com que se torne recluso.

INTENSIDADE 6

Se tem um ou dois 6, você não terá problemas em assumir a responsabilidade em assuntos domésticos e familiares e encontrar equilíbrio na vida. Ter três ou quatro 6 indica opiniões fortes e uma personalidade dominante, e significa que você pode ser exigente. Considera-se intenso ter cinco ou mais 6. É possível que você tenha dificuldades para assumir muita responsabilidade. Pode se ver sendo menosprezado ou explorado.

Caso não tenha 6, poderá ter dificuldades para assumir responsabilidades; talvez seja uma pessoa idealista com expectativas irreais.

INTENSIDADE 7

Ter um 7 em seu nome é a média, e isso poderá lhe proporcionar uma natureza curiosa e intuitiva. Dois ou mais 7 intensificam o número, representando uma pessoa que não gosta de demonstrar emoções; poderá ter uma mente prática e ser alguém misterioso e reservado.

A falta de 7 no mapa do nome é muito comum. Indica uma mente aberta, e não desconfiada ou paranoica. Também pode significar que você é impulsivo e não tem espiritualidade em sua vida.

INTENSIDADE 8

O número médio de 8 em um nome é um, e isso significa que você pode ser competente e capaz de assumir o comando quando necessário. Dois ou mais 8 podem lhe dar uma boa compreensão sobre as finanças, mas também podem dar ao dinheiro muito poder sobre sua vida.

GRÁFICOS E SETAS 123

Caso não tenha 8, talvez seja imprudente com seus recursos, por isso suas lições podem ser encontradas nas esferas do dinheiro e do poder.

INTENSIDADE 9

Ter dois ou três 9 é considerado intenso, e isso pode lhe trazer sabedoria, dons criativos e uma abordagem humanitária da vida. Se você tem apenas um 9, pode ser insensível aos sentimentos dos outros.

A falta do 9 o torna egocêntrico. Você será testado com lições de tolerância e doação altruísta.

Setas no mapa do nome

Para identificar as setas em seu mapa do nome, primeiro mapeie separadamente seus nomes e sobrenomes. Coloque cada um deles em uma tabela própria. Os significados das setas são os mesmos (ver página 115). O nome usado com mais frequência, como seu primeiro nome, será o nome no qual as setas se tornarão dominantes em sua personalidade. Você também pode mapear apelidos e nomes empresariais usando o mesmo método.

Eis um exemplo:

E	L	V	I	S
5	3	4	9	1

3		9
	5	
1	4	

A	A	R	O	N
1	1	9	6	5

	6	9
	5	
11		

P	R	E	S	L	E	Y
7	9	5	1	3	5	7

3		9
	55	
1		7

Como você pode ver, os padrões começam a emergir. Elvis tem a seta 1, 5, 9 em todos os seus três nomes, representando três fortes setas da determinação.

Todos os seus mapas

Esses mapas revelam informações esclarecedoras que complementarão os cinco número centrais de seu perfil.

Tabelas e mapas são fascinantes porque podem ajudar a revelar padrões em sua vida. Por exemplo, você pode perceber que sente atração por homens que têm as mesmas setas de seu pai ou que todas as pessoas de seu círculo de amigos compartilham setas semelhantes.

Esses mapas são especialmente úteis quando você tem acesso a informações limitadas sobre alguém, como um colega de trabalho, por exemplo. Você pode fazer o mapa de um nome e sobrenome mesmo sem ter a data de nascimento e o nome completo constante na certidão de nascimento.

Há muitas fórmulas numerológicas mais complexas que podem expandir ainda mais seu conhecimento sobre pontos fortes e desafios se você decidir continuar sua jornada na numerologia (ver Fontes e referências, página 167).

No próximo capítulo, vamos reunir todos esses novos conhecimentos fabulosos e os aplicar à compatibilidade, aos animais de estimação e a muitas outras áreas.

JUNTANDO TUDO: DECIFRANDO SEU FUTURO, COMPATIBILIDADE E RELACIONAMENTOS

É hora de combinar todo o seu novo conhecimento numerológico para decifrar seu futuro e seus relacionamentos. Quanto mais leituras você fizer e quanto mais mapas exclusivos explorar, mais precisas e confiantes serão suas leituras.

Quando interpretada com responsabilidade, a numerologia lhe oferece uma visão significativa sobre os outros e sobre o futuro.

Embora um número isolado possa lhe dar alguma informação sobre a personalidade de uma pessoa, ele é limitado e pode levá-lo a fazer falsas suposições. É preciso ir mais a fundo quando possível, examinando sempre os cinco números centrais em conjunto. Os cinco números centrais são:

Número do caminho de vida (página 34)

Número de alma (página 65)

Número de personalidade (página 68)

Número de destino (página 54)

Número de aniversário (página 26)

Essas são as bases para toda a leitura. Pelo trabalho que realizamos nos capítulos anteriores, todos esses números já devem estar anotados em seu perfil principal. Os ciclos preditivos, o número de atitude e o número de maturidade oferecem informações auxiliares significativas e completam o perfil.

O que verificar

Ao verificar os números centrais em conjunto, a primeira coisa que você deve fazer é identificar padrões e contradições. Veja a seguir uma lista resumida de tarefas.

* Busque números repetidos. Sempre que um número aparece mais de uma vez em um perfil principal, você está lidando com uma dose dupla de energia intensa, e isso pode ofuscar toda a leitura. Antes de chegar a quaisquer conclusões, sempre pare um instante e verifique o mapa todo.

* Identifique números conflitantes, que podem causar uma crise de identidade. Quando números centrais chaves estão em contradição uns com os outros, eles não se mostram de maneira tão vigorosa quanto poderia se supor. Se alguém tem um caminho de vida 2, uma

personalidade 1 e um destino 1, com um número de alma 9, há muita coisa acontecendo. Cabe a você interpretar essas contradições e analisar a verdadeira natureza dessa personalidade.

- Preste atenção nas vibrações. Caso a pessoa de sua leitura esteja vivendo em sua sombra, é possível que ela não tenha consciência de si mesma para conseguir reconhecer quem ela realmente é e que a leitura numerológica não gere ressonância. As pessoas desse tipo vivem no ego e estão presas à imagem que desejam projetar (e proteger).

- Sempre veja a experiência de leitura da alma de outra pessoa como um privilégio. É um exercício de intuição e uma oportunidade de aprendizado que quase sempre contêm uma mensagem para você também.

Comece com você

Entender a si mesmo é o que realmente determina o quão bem-sucedido você pode ser na leitura de mapas numerológicos para os outros. A consciência de si mesmo é uma habilidade a ser desenvolvida como qualquer outra.

Se não for capaz de analisar todos os seus aspectos, incluindo o aspecto de sua sombra, você poderá deixar escapar suas lições e seus caminhos de cura. Caso perceba que está selecionando tendenciosamente apenas as coisas boas de seu mapa, então, seu primeiro passo deve ser cuidar de si mesmo antes de fazer leituras para outra pessoa.

Somente quando de fato entender a si mesmo, você entenderá de verdade os mistérios que a numerologia pode desvendar. É preciso enfrentar o espelho antes de segurá-lo para os outros. Isso vai proporcionar mais sensibilidade, empatia, compaixão e poderes intuitivos às suas leituras. E, durante uma leitura, quando você começar a descrever as partes mais sombrias da outra pessoa, faça isso com delicadeza. Esteja sempre disposto(a) a oferecer uma solução ou um caminho para o aprendizado pessoal.

LAR E FAMÍLIA

Uma das áreas em que a numerologia pode ser extremamente útil é a dos relacionamentos familiares, que tendem a ser intensos e complexos. As famílias costumam manter padrões profundamente enraizados. Além disso, esses são nossos relacionamentos mais próximos, e os relacionamentos mais próximos, muitas vezes, são os que mais nos fazem refletir. Os padrões da família revelam padrões e hábitos do eu. É mais fácil focar nas coisas ruins do que nas boas. Saiba, vocês escolheram encarnar juntos em uma família.

Por exemplo, se sua mãe tem um caminho de vida 6 e você tem um número de aniversário 6, opiniões fortes farão parte de quase todas as conversas entre vocês. Você pode observar se ela só fala em termos definitivos, declarando opiniões como fatos. Será que você também faz isso? Depois de reconhecer esse padrão, você pode ajustar sua linguagem e aprender a adaptar seus argumentos para ser menos agressivo.

Famílias podem ter brigas épicas e guardar velhos rancores. Abordar esses relacionamentos com compaixão e compreensão pode ser a chave para curar cicatrizes familiares, mesmo aquelas que existem há gerações. Depois de entender o quadro geral, você poderá ser capaz de navegar por esses relacionamentos, padrões e hábitos com mais êxito.

TRABALHO E CARREIRA

Sua carreira é outra área em que a numerologia é extremamente valiosa. Se eu tivesse conhecimento desses poderes reveladores no início de minha carreira empresarial, poderia ter me poupado de muita dor.

Você pode, por si mesmo, descobrir suas habilidades inerentes e criar um plano de carreira que poderá trazer satisfação e sucesso. Poderá entender quais são os tipos de pessoas com quem trabalha bem, saber em quem você pode confiar e como superar relacionamentos e personalidades difíceis nos negócios.

Se, dessa forma, conseguir obter as informações necessárias para a numerologia de seus colegas de trabalho, será possível usá-las para formar equipes invencíveis, colocar as pessoas em posições que utilizarão bem os seus talentos inatos e entender como funcionam os ciclos para saber quando iniciar projetos.

Os números do caminho de vida e de aniversário lhe darão uma noção geral das pessoas e de suas habilidades inatas. Os números de destino e de personalidade falam especificamente de carreiras. No ambiente de trabalho, dê atenção especial a esses números.

ESPIRITUALIDADE

Parte da experiência humana é navegar e desenvolver a própria espiritualidade, que pode ser uma jornada profundamente pessoal e gratificante.

Muitas pessoas são apresentadas a uma religião específica desde cedo. À medida que você cresce, é importante explorar outros caminhos para descobrir o que realmente ressoa com sua própria alma.

No início, você não terá certeza de que há espaço para práticas metafísicas como numerologia, astrologia e tarô dentro de suas crenças religiosas; algumas pessoas podem supor que essas práticas são nocivas. Mas religião e metafísica podem coexistir e, muitas vezes, aprofundar, em vez de enfraquecer, a experiência espiritual na Terra. Na verdade, há muitas referências numerológicas em textos religiosos como a Bíblia.

Seu número de alma (página 65), ou eu secreto, é onde você encontra as chaves para decifrar suas próprias crenças e práticas espirituais. Seu ano pessoal 7 ou mês pessoal 7 pode ser um momento maravilhoso para entrar em contato com essa parte de si mesmo e explorá-la. Ao fazer isso, respeite sempre a jornada pessoal e as práticas religiosas dos outros.

Amigos

As amizades costumam ser um de nossos relacionamentos mais significativos e complicados e podem ser nossos maiores mestres. As amizades nos ensinam a confiar, compartilhar, ter empatia, fazer concessões, dar e receber. Podem ser uma fonte de amor e respeito gigantesca — são relacionamentos dos quais escolhemos participar. Infelizmente, também podem nos ensinar sobre traição, privilégios, descaso, mesquinharia, fofocas e questões de dinheiro.

Existem diferentes tipos de amizade. Para vínculos emocionais sinceros — aquelas pessoas que você pode considerar como seus "melhores amigos" — será preciso verificar o número de estresse que existe entre seus números de alma, de forma bastante semelhante ao aplicado a um relacionamento romântico (veja a seção abaixo — Romance e a pessoa amada).

Para os relacionamentos entre você e seus amigos de trabalho, haverá um tom diferente. Por isso, será mais revelador verificar os números de estresse que existem entre seus números do caminho de vida, de aniversário e de destino.

Os números de estresse ajudam a revelar o que é necessário para que a amizade funcione e quais ferramentas você precisará usar para superar suas diferenças.

Em minha vida, descobri que amizades com pessoas com perfis numéricos semelhantes terminaram de maneiras muito semelhantes. Tenho certeza de que você já ouviu isto antes: "As pessoas entram em sua vida por uma razão, por um período ou para sempre".

Você continuará a atrair as mesmas personalidades até aprender a lição que precisa aprender.

Romance e a pessoa amada

Há muitas maneiras de se vincular numericamente à pessoa amada. Algumas uniões são mais desejáveis e harmoniosas do que outras.

Caso esteja almejando um vínculo romântico sincero, emocional e profundo, você deve garantir que os números de seu caminho de vida e de alma estejam em harmonia com os da outra pessoa.

Verifique se um mínimo de três dentre os cinco números centrais estão na mesma consonância (ver página 77). Em geral, você também terá pelo menos um número semelhante, embora não necessariamente na mesma categoria.

Se seus números do caminho de vida e de alma forem iguais, ou se o número de aniversário ou número de alma forem iguais, este será um acontecimento mágico! Isso significa que vocês são semelhantes e compatíveis, mas que irão desafiar um ao outro em aspectos importantes. Por exemplo, digamos que uma pessoa tem um número do caminho de vida 9 e um número de alma 6, e seu parceiro tem o número do caminho de vida 6 e o número de alma 9. O caminho de vida 9 irá colocar os pés do idealista 6 no chão. O número de alma 6 entregará ao caminho de vida 9 um ambiente seguro para ser emocionalmente vulnerável e curar velhas cicatrizes. Eles irão se achar hilários e valorizarão o senso de humor do outro. Se o perfil das duas pessoas for semelhante, com números diretamente correspondentes, será fácil amar aquelas qualidades do outro que você enxerga em si mesmo. No entanto, essas relações muitas vezes se tornam tóxicas e competitivas, com um dos parceiros se achando superior.

NÚMERO DE ESTRESSE DA ALMA

Outro indicador importante da harmonia e do sucesso em um relacionamento pode ser encontrado nos pontos de estresse entre os números de alma. Para encontrar seu número de estresse da alma com outra pessoa, subtraia o número de alma menor do maior. Se o seu número de alma é 9 e você está saindo com alguém cujo número de alma é 6, o número de estresse será 3. Esses números dizem muito sobre sua potencial compatibilidade e podem revelar a melhor maneira de resolver conflitos. Observe que o número de estresse da alma gera impacto em todos os relacionamentos próximos (como entre pais e filhos, por exemplo), não apenas nos relacionamentos românticos.

NÚMERO DE ESTRESSE DA ALMA 1: Esse relacionamento requer independência para funcionar. Vocês precisarão ter seus próprios amigos e *hobbies* fora do relacionamento. Respeitem a necessidade de passar um tempo separados, e vocês serão melhores juntos! Identifiquem as tendências egoístas e as disputas pelo domínio. Vocês dois precisam se enxergar como igualmente capacitados ou como pessoas que estão no comando. Equilibre o poder e tenha o apoio ao outro como objetivo, não a competitividade.

NÚMERO DE ESTRESSE DA ALMA 2: Vocês formam uma grande equipe, embora precisem garantir que não estão fazendo muitas concessões, o que pode levar ao ressentimento. Ambos são incrivelmente sensíveis e conscientes das necessidades e dos desejos do outro. Quem tem esse tipo de energia não gosta de brigar, então, na medida do possível, minimize os conflitos. Ainda que não haja muitas discussões, esse relacionamento pode ser permissivo e emocionalmente indulgente.

NÚMERO DE ESTRESSE DA ALMA 3: Comunicação aberta e honesta é o que fará esse relacionamento funcionar. Segredos ou omissões serão extremamente prejudiciais. Esforce-se para ser sensível às emoções do outro. Não use coisas que foram feitas ou ditas no passado contra o outro. Certifique-se de reconhecer tudo o que seu parceiro faz por você e demonstre apreço. Esse tipo de casal é ótimo em uma festa. Adora rir e se divertir.

NÚMERO DE ESTRESSE DA ALMA 4: Esse relacionamento pode ser cheio de regras. Vocês precisarão impor bons limites um com o outro e ambos precisam tentar ser mais flexíveis. É um relacionamento que pode passar a sensação de dar muito trabalho e de requerer esforços conscientes. Tentem buscar alguma diversão espontânea de vez em quando. Lutar por um objetivo comum pode ser imensamente satisfatório para esse casal.

NÚMERO DE ESTRESSE DA ALMA 5: Esse é um relacionamento único, e vocês podem ter interesses, *hobbies* ou aventuras muito diferentes.

Mudanças seguidas e constantes serão um tema comum aqui. Verifique com frequência se ainda concordam em relação ao que ambos pensam sobre expectativas e liberdade. Evite o "falso drama", provocado para disfarçar a necessidade de sentir emoções. A integridade desse relacionamento depende do respeito aos limites e do estabelecimento de confiança mútua. Lembre-se de tentar identificar uma palavra que promova segurança.

NÚMERO DE ESTRESSE DA ALMA 6: O perfeccionismo e as expectativas ideais ou irreais sobre o parceiro podem causar grandes problemas nesse relacionamento. Vocês dois terão dificuldades para assumir responsabilidade e devem evitar a hipocrisia. Você pode achar que a família se intromete em seu relacionamento. Não deixe de dar um passo atrás e falar sobre questões delicadas, pois as emoções não resolvidas podem ser muito prejudiciais.

NÚMERO DE ESTRESSE DA ALMA 7: Uma base espiritual é essencial para que esse relacionamento funcione. Vocês precisarão se esforçar sempre para manter conversas profundas, respeitosas e significativas. Não há espaço para fofocas e banalidades aqui. Priorizem os momentos de solidão e tentem evitar analisar demais cada pequeno detalhe do relacionamento. Evitem o ciúme.

NÚMERO DE ESTRESSE DA ALMA 8: Vocês devem manter sempre o respeito máximo um pelo outro; caso contrário, este pode se tornar um relacionamento muito competitivo, do tipo "toma lá, dá cá". Poderá haver lutas pelo poder que talvez se tornem destrutivas se não forem administradas. Se vocês fortalecem e oferecem apoio um ao outro, poderão evitar muitas dessas lutas mesquinhas; caso contrário, as mesmas questões sobre dinheiro, autoridade e controle serão repetidas. Negócios e realização material serão um dos focos desse casal.

NÚMERO DE ESTRESSE DA ALMA 0: Quando os números são iguais, o relacionamento é do tipo "tudo ou nada". O zero, ou *cipher* (cifra) em inglês, amplifica tudo, então poderá haver um excesso de drama ou nenhum. Há um grande potencial para um relacionamento dinâmico, pessoal e espiritual repleto de crescimento. O truque é manter-se atento e consciente das necessidades do outro.

Depois de verificar os números de estresse, dê uma olhada no número de maturidade das duas pessoas (ver página 78). Ele oferece um vislumbre do futuro de sua parceria. Os divórcios que ocorrem após os 40 anos podem, em geral, ser atribuídos a uma grande mudança em um ou ambos os números de maturidade. Preste atenção nesse número caso esteja estudando o potencial para casamentos ou parcerias numa idade mais adiantada.

Conhecendo novas pessoas

Agora que a caixa de Pandora da numerologia foi aberta, não há mais volta. Você poderá aplicar a numerologia a todas as suas interações sociais!

Ao conhecer novas pessoas, primeiro, preste atenção no número de atitude (primeiras impressões) e no número de personalidade (o eu externo). Esses números poderão lhe oferecer dados superficiais sobre a personalidade de alguém, revelando principalmente a imagem da pessoa, não suas verdadeiras motivações ou sua personalidade. Em algum momento, você poderá descobrir que consegue adivinhar os números das pessoas com base nas aparências. Uma pessoa 3 tem um belo sorriso e, muitas vezes, deixa à mostra suas tatuagens; uma 4 costuma usar óculos e gosta de usar cortes de cabelo curtos e práticos; já a 8 aprecia itens de grife.

Em seguida, examine os números do caminho de vida e de aniversário delas. Se você começar a interagir de forma significativa com os outros, verá que é difícil esconder esses números. A única maneira de obter o quadro completo é por meio da análise de todos os cinco números do perfil principal do outro, e isso pode levar algum tempo.

É preciso ter cuidado ao tirar conclusões antes de examinar um mapa completo. Tenha sempre em mente o impacto dos números que se repetem e dos números em conflito. Além de seus números centrais, ouça atentamente sua intuição.

Animais de estimação

A numerologia não serve apenas para as pessoas! Você pode aplicá-la aos seus animais de estimação da mesma forma que a aplica a si mesmo. O estudo revela a personalidade única de seus bichos e o que você irá aprender e experimentar com eles.

Se você tiver resgatado seus peludinhos de um abrigo e não souber a data de nascimento ou o nome original deles, tudo bem! O nome que você der a eles carregará as vibrações mais importantes. Se você souber a data de nascimento, será possível construir um perfil numerológico completo. Se não souber, aprenda tudo o que puder por meio do nome deles — você ficará surpreso com o entendimento muito maior que terá a respeito de seu bichinho depois disso.

Veja a seguir uma referência rápida aos números de seu bicho de estimação.

NÚMERO 1: Este é um animal independente, provavelmente, "filho único" (ou assim desejaria ser). É um bicho protetor que faz o seu melhor quando recebe algum tipo de trabalho; por exemplo, pode ser um cão de guarda.

NÚMERO 2: Este animal é um amante, prefere companhia, e não gosta de ser deixado sozinho. É sensível à disciplina e intuitivo em relação ao seu entorno. Por isso, também pode sofrer com uma ansiedade intensa.

NÚMERO 3: Este animal de estimação é altamente sociável e gosta de travessuras. Requer muita atenção e tem um senso de humor inato. Os bichos com esse número irão mantê-lo entretido e lembrá-lo de não levar tudo tão a sério.

NÚMERO 4: Este é um companheiro leal e obediente que respeita as regras. Para ele, tudo se resume à rotina.

NÚMERO 5: Compre uma cerca! Este é um espírito aventureiro que tem o desejo de explorar. Esse animal de estimação se entedia facilmente, o que pode fazer com que ele seja destrutivo e propenso a acidentes. Precisa de muito estímulo extra e pode gostar de comida e de agrados de forma um pouco exagerada.

NÚMERO 6: Este animal de estimação é doce, acolhedor e carinhoso com qualquer membro da família que possa precisar de muito amor e carinho. O bichinho número 6 pode realmente gostar de "se enfeitar" e irá a qualquer lugar com você, sempre feliz por estar junto.

NÚMERO 7: Este é um animal de estimação profundamente expressivo. Você pode realmente acreditar que seu animal de estimação "vê pessoas mortas", latindo ou miando aparentemente para o nada. Esse bicho é um pouco solitário e pode passar por momentos de depressão.

NÚMERO 8: Este animal gosta de estar no comando. Ele aprenderá tudo da maneira mais difícil. Você também pode descobrir que esse é um bicho caro que fará visitas veterinárias frequentes, exigirá muitos gastos com medicamentos ou terá problemas de comportamento ou um apetite voraz.

NÚMERO 9: Este é um companheiro maravilhoso e protetor. Tem uma energia de alma antiga, e você poderá ter com ele a sensação de uma conexão em um nível diferente e mais profundo.

Vejamos alguns animais de estimação famosos:

```
1        9  5     6 Número de alma (vogais)
L  A  S  S  I  E  5 Número de personalidade (consoantes)
3     1  1        11/2 Número do destino (todas as letras do
                  nome)
```

Lassie é um membro leal da família, tem necessidade de aventura e tem um senso intuitivo inigualável. Sensível e acolhedora, suas recompensas manifestam-se por meio de seus esforços humanitários.

```
1        9  5        6 Número de alma (vogais)
G  A  R  F  I  E  L  D  11/2 Personalidade (consoantes)
7     9  6     3  4  8 Destino (todas as letras do nome)
```

Garfield é um membro da família domesticado, inteligente e intuitivo; exerce muito poder e é um animal de estimação caro, seja pelas custosas visitas ao veterinário, pelos gastos com comida ou por causa de seu comportamento prejudicial!

Fique atento aos apelidos que você usa para o seu bicho de estimação. Eles também desenvolverão essas vibrações!

Entendendo as vibrações e desenvolvendo a intuição

À medida que praticar a numerologia, você se perceberá mais sintonizado e perceptivo, e ficará mais sensível e consciente das vibrações ao seu redor. No início, você pode querer se exibir e se gabar do desenvolvimento desses dons. Resista, pois será melhor não propagar seus novos poderes até que sejam revelados de forma orgânica.

Não menospreze seus dons. Aprenda a desenvolvê-los de um modo responsável. A intuição de cada um é única. Alguns podem chamá-la por outro nome: palpite, golpe de gênio, "ciência da aranha", inspiração, lampejo de sabedoria, sensação profunda ou intuito do coração. A intuição é uma inteligência prática e espiritual que todos podem acessar se quiserem.

Se tiver desenvolvido sua intuição, talvez você queira praticar meditação, algo que normalmente ajuda a moderar os impulsos emocionais internos que podem ofuscar seu julgamento e prejudicar seus poderes. A meditação *mindful* [atenta, cuidadosa] pode ajudá-lo a observar apenas os seus pensamentos e sentimentos, além de ajudar a controlar os impulsos emocionais ou baseados no ego que podem ofuscar o julgamento e ser confundidos com intuição.

Diferentes números ressoarão em você de forma diversa. Alguns sempre irão fazer sentido, enquanto outros exigirão esforço para gerar compreensão e identificação. Lembre-se de que não há números bons ou ruins, e que seu perfil principal não é superior ao de ninguém. Cada um deles tem pontos fortes e fracos únicos. Conforme for vivendo situações e interações com sua nova intuição, você não precisará anunciar suas experiências e descobertas. Deixe sua intuição guiá-lo silenciosamente e mantenha a mente aberta.

Os números são seus mestres, o crescimento da alma é o objetivo final. Preste atenção, aprenda as lições e continue evoluindo.

CONEXÕES COM O TARÔ, A ASTROLOGIA E OS CRISTAIS

Além da numerologia, há outras ciências metafísicas que podem guiá-lo em sua vida e aprofundar sua intuição. A combinação entre a numerologia, a astrologia e o tarô é uma experiência verdadeiramente mágica. Essas práticas funcionam de forma harmoniosa e se complementam, proporcionando novos conhecimentos ou *insights*. Descobri que elas raramente se contradizem.

Embora eu não seja astróloga ou leitora de tarô profissional, estudei ambos e, por isso, dou atenção especial às estrelas, aos planetas e especialmente à Lua. Uso o tarô para dar maior clareza a uma leitura e, às vezes, para confirmá-la. Também sou cristaloterapeuta certificada e amo incluir os cristais em minhas leituras.

A numerologia pode trazer mais compreensão às suas leituras pessoais de astrologia ou tarô. Por meio da numerologia, os números de suas cartas de tarô terão imediatamente mais significado e você poderá aplicar os significados dos números às casas astrológicas, aos graus dos planetas e muito mais.

Em conjunto, essas práticas podem amplificar umas às outras e aprofundar seus poderes.

Ajudam a preencher os espaços em branco e podem lançar luz às comunicações divinas, nos oferecendo novas ferramentas para nos entendermos, interagirmos com os outros, nos conectarmos à consciência coletiva e usufruirmos a sabedoria universal.

Também é importante reconhecer as outras artes: muitas vezes, vi profissionais combinarem a numerologia a suas leituras, mas raramente reconhecendo-a como a fonte de suas descobertas aprimoradas. Quando um intuitivo lhe pergunta a data de seu aniversário, ele está usufruindo alguma influência numerológica! Agora, você sabe.

Qual é meu signo do zodíaco?

À medida que falarmos dos signos do zodíaco ao longo deste capítulo, você poderá consultar esta tabela.

Áries	21 de março - 20 de abril	♈
Touro	21 de abril - 20 de maio	♉
Gêmeos	21 de maio - 21 de junho	♊
Câncer	22 de junho - 22 de julho	♋
Leão	23 de julho - 23 de agosto	♌
Virgem	24 de agosto - 23 de setembro	♍
Libra	24 de setembro - 23 de outubro	♎
Escorpião	24 de outubro - 22 de novembro	♏
Sagitário	23 de novembro - 21 de dezembro	♐
Capricórnio	22 de dezembro - 20 de janeiro	♑
Aquário	21 de janeiro - 18 de fevereiro	♒
Peixes	19 de fevereiro - 20 de março	♓

Astrologia e numerologia

Astrologia e numerologia têm muito em comum. Ambas tomam sua data de nascimento como base, ambas revelam e desbloqueiam seu contrato de alma, além de trazer à tona importantes temas, traços característicos e possíveis lições.

Com nove números do caminho de vida possíveis e doze signos do zodíaco, a união entre numerologia e astrologia gera 108 combinações possíveis de tipos únicos de personalidade.

Não vou detalhar neste livro as características de todos os signos do zodíaco. Senão, este seria um livro completamente diferente — e há muitos deles! (Veja minhas recomendações em Fontes e referências, na página 167). Às vezes, o número do caminho de vida e o signo astrológico se misturam bem.

Por exemplo, se você é de Touro e tem um caminho de vida 4, sua personalidade não lhe oferecerá muitas surpresas. Você será organizado, cumpridor de regras e obediente. Isso também ocorre se você é de Leão e tem um caminho de vida 1: você será ousado e confiante.

As coisas ficam um pouco mais interessantes (e complicadas) quando não há compatibilidade óbvia entre o signo do zodíaco e o número. Nesse caso, a consciência de si mesmo é muito importante: o signo e o número podem tanto intensificar como ancorar um ao outro.

Se você optar por estudar astrologia e numerologia, a combinação dessas duas forças poderosas se tornará instintiva em suas leituras.

OS PLANETAS

Há certos eventos planetários que, na astrologia, acontecem em momentos exatos. Por exemplo, Mercúrio se torna retrógrado de três a quatro vezes por ano. Esse é o planeta que governa as comunicações, a tecnologia e as viagens. Quando se torna retrógrado, entramos em uma fase de revisitar, refletir e rever coisas que, em nossas vidas, precisam de ajuste.

Qualquer coisa que puder receber um "re-" será uma boa atividade para Mercúrio retrógrado. Dessa forma, em vez de temer o movimento retrógrado de Mercúrio, você pode reformular sua experiência com a retrogradação do planeta. Saiba o momento em que isso ocorrerá e use o período para repousar, redefinir, refletir, renovar, reavaliar, revisar, realinhar e reiniciar.

Indo ainda mais longe, você pode aplicar seu mês pessoal (ver página 100) a esse ciclo desafiador para obter orientações sobre os pontos em que você deve concentrar sua energia e como pode caminhar graciosamente pelo período de retrogradação.

Por exemplo, se estiver em seu mês pessoal 8 durante um Mercúrio retrógrado, talvez você possa *refinanciar* algo ou devolver (*retornar*) uma compra (evite fazer compras nesse período; você provavelmente lamentará suas compras — sentirá *remorso*).

Quando Mercúrio retrógrado cai em um mês pessoal 6, pode ser um bom momento para *se reconectar* a um velho amigo, *se reconciliar* com um membro da família ou *revisitar* um *relacionamento* do passado.

Outro exemplo é o seu retorno de Saturno. Esse é o planeta do carma e das lições difíceis, e leva aproximadamente 29,5 anos para dar uma volta completa em torno do Sol.

Quando Saturno voltar ao mesmo signo do zodíaco em que estava quando você nasceu, você sentirá o retorno de Saturno, que deve durar de dois anos e meio a três anos. Esse é um período de mudanças, de crescimento difícil e grandes começos e conclusões. Sincronizar seu retorno de Saturno com seus anos pessoais poderá ajudá-lo a navegar de forma mais suave por esse período complicado. Costuma ser uma fase de grandes mudanças.

Os usos desse tipo de conhecimento sincronizado são infinitos. Utilize-o em seu mapa do nascimento, nas casas astrológicas e em muitos outros fatores.

A LUA

Uma das maneiras mais fáceis de unir a astrologia e a numerologia é aplicá-la aos ciclos da Lua.

A lua nova pode ser bem utilizada para manifestar seus objetivos e para materializar seus desejos e sonhos. O período da lua cheia é o momento de libertar e perdoar. Ao aplicar seu ano e seu mês pessoal ao ciclo da Lua, você pode usar conscientemente as oportunidades especiais que a Lua lhe traz. Por exemplo, se você estiver em seu mês pessoal 1, de novos começos, no dia da lua nova, seus poderes de manifestação estarão no auge, então, esse será o momento perfeito para criar um plano de futuro e estabelecer metas. Durante a lua nova em seu mês ou ano pessoal 4, você pode se concentrar em atrair boa saúde ou se tornar mais organizado. Na energia do 6, concentre-se em sua família ou em seu lar, e, na energia do 8, em sua carreira ou nas finanças. A sincronicidade natural do Universo é extremamente poderosa.

Da mesma forma, quando você está em seu mês pessoal 9, a lua cheia proporciona um momento ideal para liberar, perdoar e desapegar. Por que desperdiçar essa energia natural? É muito importante utilizar as forças cósmicas que atuam ao nosso redor.

Tarô e numerologia

Aproximar-se do tarô com um conhecimento básico de numerologia irá ajudá-lo a compreender mais facilmente as cartas e aplicar esse conhecimento à vida. Na verdade, muitos professores de tarô sugerem esse método como base para desvendar rapidamente o significado básico das cartas.

A leitura das cartas de tarô requer iniciativa, intuição e dedicação. Os números das cartas e o simbolismo de suas imagens funcionam juntos como se fossem vinho e queijo, um potencializando o outro.

Ao abrir as cartas do tarô, pode-se buscar padrões numéricos como números repetidos (111), progressão de números (1, 2, 3) e regressão de números (9, 8, 7). Os números ampliam o significado de cada carta e a interpretação de uma combinação de cartas.

ARCANOS MAIORES

Os arcanos maiores do tarô são formados por 22 cartas. A princípio, sabemos que 22, um número mestre, está na base do baralho. No tarô, cada carta tem um número, e os números correspondem diretamente às energias do número raiz da numerologia.

Dê atenção especial às cartas de tarô que equivalem à dívida cármica, a saber, 13/4, 14/5, 16/7 e 19/1. Todas falam de transformação e superação:

- A 13ª carta, a Morte, a Transição e o Renascimento, indica um futuro melhor, como a superação do carma, da preguiça ou da procrastinação.

- A 14ª carta, a Temperança, guarda a energia do excesso de indulgência, representando as qualidades obsessivas reveladas pela dívida 14/5. As lições dela são a autodisciplina e a moderação.

- A 16ª carta, a Torre, representa uma ascensão e uma queda, e guarda a promessa de reconstruir e voltar melhorado e mais forte.

- A 19ª carta, o Sol, guarda alegria e promessa, e quando reduzida — (1 + 9) = 10 —, oferece a percepção das lições aprendidas e a oportunidade de começar do zero.

Quando combinados com a numerologia, os números dos arcanos maiores vertem com inteligência divina.

ARCANOS MENORES

Os arcanos menores são formados por 56 cartas [(5 + 6) = 11], outro número mestre, apontando para a iluminação e a intuição.

Os números dos arcanos menores misturam personalidade e características.

Cada elemento (ou naipe) contém cartas numeradas de 1 a 10. Os quatro elementos são:

- ouros (moeda, estrela, diamante) — finanças, trabalho duro, abundância, questões da esfera material;

- copas — sentimentos, emoções, habilidades psíquicas;

- espadas — comunicação, intelecto, mente aguçada;

- paus — crescimento, novas ideias, desenvolvimento.

Para fazer a leitura dessas cartas, combine os poderes singulares do elemento com o significado numerológico do número da carta.

Por exemplo, na numerologia, o 8 diz respeito às finanças e à autoridade. Assim, o 8 de ouros indica claramente o sucesso na carreira e os benefícios obtidos por competência. A imagem da carta também representa um indivíduo trabalhando de forma diligente.

Sabemos que a energia do 5 governa o caos. Por isso, o 5 de paus representa a dificuldade e a luta para realizar algo.

As cartas de número 1, ou os ases, representam inícios dentro de cada um dos quatro elementos. Há muitos livros dedicados a explorar o que muitos chamam de astronumerologia, bem como sobre o tarô e a numerologia.

Cada sistema é sutilmente diferente e único; muitas vezes, uns contradizem os outros. Explore as diferentes perspectivas, use sua intuição e descubra qual mistura funciona melhor para você.

Cristal e numerologia

Tão raro quanto o cristal de alexandrita é conhecer alguém interessado em metafísica que também não ame cristais e pedras!

Em 2017, acrescentei o título de cristaloterapeuta certificada às minhas ferramentas metafísicas. Isso me permite prescrever cristais que podem ajudar meus clientes a superar diversos desafios emocionais, mentais e físicos. Os cristais são instrumentos poderosos.

Para sentir a energia dos cristais, segure um cristal na palma da mão esquerda. A energia entra pelo lado esquerdo do corpo e sai pelo direito. Ao fazer isso, algumas pessoas sentem calor ou frio, e outras sentem uma pulsação ou um formigamento. Algumas pedras produzem uma sensação de peso ou ancoramento, outras são mais líquidas e emocionais. O que você sente pode ser algo muito sutil ou extremamente poderoso.

Caso você não seja capaz de sentir a energia do cristal de forma vibracional, conecte-se à sua cor. Ao olhar para a pedra, que sentimento ela lhe traz? Que emoções emergem? Conecte-se visualmente aos tons, às imperfeições, ao brilho, ao arco-íris e às inclusões do cristal para sentir suas vibrações.

As pedras mais vibrantes e que tendem a emanar mais sensações são a moldavita, a selenita e a shungita.

Veja na sequência algumas das minhas prescrições comuns de cristais com base na numerologia.

Cristal ou pedra	Melhor para os números	Cura emocional
Ametista	Todos os números	Oferece proteção, desfaz vínculos negativos, funciona como um aspirador energético, limpa e cura espaços e quartos, abre o terceiro olho.
Quartzo rosa	2, 6	Parece um banho de espuma para sua alma, se conecta com seu coração, atrai relacionamentos amorosos, promove o amor incondicional, gera alegria e cura emocional.
Sardônica	2, 7	Melhora a disciplina mental, alivia a ansiedade, promove otimismo e confiança, aumenta a felicidade.
Cornalina	3, 8	Conduz à ação, coragem, confiança, criatividade e motivação, esclarece metas; é um cristal de ancoramento (*grounding*).

Cristal ou pedra	Melhor para os números	Cura emocional
Ametrina	3, 5, 4, 8	Desfaz a negatividade, oferece proteção, ajuda a eliminar hábitos e vícios, proporciona a superação do medo e da procrastinação; também pode ajudar a perder peso.
Apatita	1, 6, 2	Promove a alegria; dissolve o medo, a ansiedade, a raiva e a dúvida; ajuda a desapegar de pessoas e coisas; auxilia na perda de peso.
Bronzita	Todos os números	Promove a paz, a harmonia, o perdão e a compaixão; oferece proteção psíquica e produz o ancoramento; transmuta energia negativa e a devolve ao remetente para que ele possa aprender com ela. Usar junto com turmalina ou obsidiana.
Citrino	4, 8	Atrai riqueza, saúde, felicidade e sucesso; promove autoconfiança e empoderamento; estimula a expressão, especialmente quando combinada com afirmações.
Danburita	2, 6	Atua como escada energética, acalma as emoções, diminui a preocupação e o estresse, promove a comunicação com guias e anjos, ajuda a aliviar mal-entendidos, incentiva a paciência e a paz de espírito.
Diópsido	4, 6, 7, 9	Aumenta a criatividade, as habilidades analíticas, a lógica e o aprendizado; gera apoio emocional; é empoderador; alivia dores musculares.
Topázio imperial	1, 3, 7, 9	Une desejo e motivação, promove o aprendizado e a retenção de informações, gera confiança e amor-próprio.

Cristal ou pedra	Melhor para os números	Cura emocional
Peridoto	1, 8	Atrai abundância, saúde e riqueza; proporciona esperança, visão, sucesso; é útil no início de novos projetos.
Lepidolita	1, 5, 6, 9	A "pedra da amizade"; alivia o estresse, favorece as mudanças de humor, a autocrítica, os vícios e a preocupação.
Escapolita	4, 9	Elimina a procrastinação; promove a realização, a motivação, a autodisciplina, a força de vontade e a superação da autossabotagem; ameniza o carma, a bagagem emocional e o medo; gera mudança e movimento ascendente.
Selenita	Todos os números	Rompe bloqueios, melhora a saúde e o bem-estar, integra o lado direito do cérebro ao esquerdo. Essa pedra pode ser usada para fazer uma limpeza energética de outros cristais e pedras.

Os cristais formam uma parceria natural com a sua nova consciência. Explorar seu brilho encantador e sua magia natural pode se tornar um empreendimento muito gratificante e enriquecedor.

Íons negativos

Parece contraintuitivo que algo "negativo" seja bom para você, mas isso é exatamente o que ocorre com os íons negativos. Esses íons benéficos são encontrados no ar puro — pense em natureza, montanhas, oceanos e cachoeiras. Os íons negativos aumentam a produção de serotonina, aliviam a depressão e o estresse, elevam a energia, promovem o sono profundo e têm inúmeros outros benefícios para a saúde.

Os cristais de selenita e sal do Himalaia emitem íons negativos. Recomendo o uso de uma luminária de sal do Himalaia em sua casa (são fáceis de encontrar na internet); de preferência, a luminária deve ser colocada perto de aparelhos eletrônicos ou computadores, para combater os campos eletromagnéticos. *(Certifique-se de mantê-los longe dos animais de estimação, pois os cristais podem causar problemas se forem ingeridos.)*

A selenita também é purificadora. Eu a uso para purificar tudo, desde baralhos de tarô e cristais até joias e dinheiro. Essas pedras podem ser reenergizadas à luz do Sol a cada dois ou três meses. Não as deixe na água; não devem ser molhadas.

Sua caixa metafísica de ferramentas

Quanto mais você aprender sobre o mundo da metafísica, mais poderá desenvolver suas próprias interpretações e acomodá-las às camadas de suas leituras e de seus *insights*.

A próxima tabela mostra qual signo do zodíaco, quais representações de tarô, quais cristais e cores se correlacionam com os números de 1 a 9 e os números mestres da numerologia.

Por exemplo, a energia do 6 cuida do amor, Vênus é o planeta do amor, e seu representante no tarô é a carta dos Enamorados (VI), bem como a carta do Diabo (XV) (por causa da qualidade anjo/diabo do 6, como discutido no capítulo 2); a energia do 6 nos arcanos menores funciona da seguinte forma:

6 DE OUROS — partilha da riqueza; o 6 é conhecido por sua compaixão e generosidade.

6 DE ESPADAS — abandono da tristeza (ao 6 não falta bagagem emocional).

6 DE COPAS — representa amigos, a família, a infância e a cidade natal.

6 DE PAUS — retorno para casa a fim de comemorar o sucesso, ou a chegada de amigos ou da família.

No zodíaco, encontramos a energia do 6 em vários signos que compartilham traços característicos. Por exemplo, o libriano e o 6 são idealistas e valorizam a harmonia; por sua vez, o virginiano e o 6 são perfeccionistas.

O número 1

Regido por	Sol
Par astrológico	Leão, Áries
Cristal	rubi, granada
Cor	vermelho, cor da chama, cor de vinho tinto, vermelho cardeal, ouro
Representação no tarô	O Mago (I) e os ases dos arcanos menores, A Roda da Fortuna (X), O Sol (XIX)

Os números 2 e 11

Regidos por	Lua
Par astrológico	Libra, Câncer
Cristal	pedra da lua, quartzo
Cor	laranja, pêssego, ouro
Representação no tarô	A Sacerdotisa (II), as cartas 2 dos arcanos menores, A Justiça (XI), O Julgamento (XX)

O número 3

Regido por	Júpiter
Par astrológico	Sagitário, Peixes, Leão
Cristal	turquesa, amazonita, topázio
Cor	amarelo, ouro, limão
Representação no tarô	A Imperatriz (III), cartas 3 dos arcanos menores, O Enforcado (XII), O Mundo (XXI)

Os números 4 e 22

Regidos por	Saturno
Par astrológico	Touro, Virgem, Capricórnio
Cristal	jade, esmeralda
Cor	tons de verde
Representação no tarô	Imperador (IV), as cartas 4 dos arcanos menores, A Morte (XIII)

O número 5

Regido por	Mercúrio, Urano
Par astrológico	Gêmeos, Aquário, Sagitário
Cristal	água-marinha, turquesa, fluorita
Cor	turquesa, tons de verde-azulado
Representação no tarô	O Hierofante (Papa) (V), as cartas 5 dos arcanos menores, A Temperança (XIV)

Os números 6 e 33

Regidos por	Vênus
Par astrológico	Touro, Libra, Câncer, Virgem
Cristal	safira, lápis-lazúli, quartzo rosa
Cor	azul-real, índigo
Representação no tarô	Os Enamorados (VI), as cartas 6 dos arcanos menores, O Diabo (XV)

O número 7

Regido por	Netuno
Par astrológico	Peixes, Escorpião
Cristal	ametista, alexandrita
Cor	roxo, violeta
Representação no tarô	O Carro (VII), as cartas 7 dos arcanos menores, A Torre (XVI)

O número 8

Regido por	Saturno
Par astrológico	Capricórnio, Leão, Libra
Cristal	citrino, aventurina, pirita
Cor	rosa, *pink*
Representação no tarô	A Força (VIII), as cartas 8 dos arcanos menores, A Estrela (XVII)

O número 9

Regido por	Marte
Par astrológico	Escorpião, Capricórnio, Aquário
Cristal	opala, quartzo fumê (ou esfumaçado)
Cor:	branco, preto, pérola
Representação no tarô	O Eremita (IX), as cartas 9 dos arcanos menores, A Lua (XVIII)

Agora que sua caixa metafísica de ferramentas está cheia, vamos ver como os números aparecem em sua vida cotidiana e como seu novo conhecimento numerológico pode ser aplicado.

A NUMEROLOGIA COTIDIANA

gora que você mergulhou os pés na parte mais rasa das águas profundíssimas da numerologia, eu o desafio a continuar explorando, aprendendo e lendo. A curiosidade constante é fundamental para chegar ao sucesso. Além de ler este livro, receber uma leitura profissional pode ser uma experiência comovente e valiosa. Você poderá fazer perguntas e obter esclarecimentos sobre certos aspectos do seu perfil. Ao ler, pesquisar e observar, mantenha um diário ou uma planilha de suas descobertas, um mapa do nascimento e do seu nome e de suas experiências. Com o tempo, você desenvolverá seu estilo próprio e único.

Números em todos os lugares

Endereços, números de telefone, placas de carros, recibos, números de contas-correntes — todos têm energia numérica. Você pode explorar e examinar qualquer número que desperte sua curiosidade! (Como você já deve ter percebido, a numerologia pode se tornar rapidamente uma obsessão.)

Filmes, séries de televisão e livros nunca mais serão os mesmos quando você começar a prestar mais atenção em todas as pistas escondidas nos personagens, diálogos e enredos. Endereços de casas fictícias, números rabiscados em notas nas cenas e outros números que você nem perceberia anteriormente oferecerão mais detalhes a uma história. Seria bastante interessante se os *reality shows* revelassem as datas de nascimento de seus participantes!

O noticiário sempre me lança nos caminhos infindáveis do Google. Sem perceber, me vejo pesquisando supostas datas de nascimento de criminosos, aniversários de casais famosos de Hollywood, a data de uma eleição ou do aniversário de um novo bebê real. Além de serem divertidos, esses acontecimentos são uma mina de ouro para o aprendizado numerológico.

Para praticar e manter as coisas interessantes, analise os números quando viajar: o número de seu assento em um trem ou avião, o número de seu voo, o número da rota de seu ônibus e o do quarto do hotel, todos eles são capazes de prever as vivências que você terá em sua viagem.

A numerologia poderá ser útil quando você estiver escolhendo um empreiteiro, um médico ou um candidato a uma vaga de trabalho, permitindo que você aplique seus novos conhecimentos nas decisões de contratação, de projetos, de saúde e muito mais. Busque certos atributos numéricos para determinadas funções, por exemplo, um 1 (mãos naturalmente curativas) para um massagista, um 4 (adora sistemas e segue regras) para o seu contador, ou um 6 (normas, educação e aprendizagem) para um professor.

Procure números em todos os lugares, mas fique atento, pois a numerologia pode se tornar uma obsessão. Use sempre a numerologia para complementar sua vida e oferecer *insights* e orientação divinas.

Eu vejo esse número em todos os lugares!

Agora que o Universo sabe que você está se tornando fluente na linguagem dos números, irá se comunicar com você de uma forma singular. Cabe a você estar ciente e entender as mensagens que estão sendo deixadas em seu caminho. Preste atenção nos sinais! 11:11 convida você a caminhar por um portal espiritual; as mensagens numéricas estão pedindo que você aja.

Veja a seguir um resumo básico de alguns dos padrões numéricos mais comuns observados pelas pessoas e o que eles significam:

111 Inícios, recomeços, hora de agir

222 Harmonia, relacionamentos, cooperação, paciência

333 Comunicação, criatividade, emoções

444 Número dos anjos, apoio divino vindo da energia primordial

555 Mudanças, movimentos, transações, viagens

777 Espiritualidade, investigação, perícia, autocuidado

10:10 O "novo" 11:11; o 0 amplifica o 1, representando o despertar espiritual contínuo e o desenvolvimento da intuição

11:11 Uma porta para a iluminação espiritual, intuição aprimorada

12:34 Progresso, avanço

Sempre que encontrar os números de seu aniversário, isso significa que você está no caminho certo e que forças invisíveis estão trabalhando a seu favor. Encontrar o aniversário de um amigo ou de um ente querido pode significar que ele precisa de sua ajuda ou de seu apoio. Encontrar o aniversário de um ente querido falecido significa que ele está lhe dando alguma orientação ou permitindo que você saiba que ele está ao seu lado.

Prestar atenção nesses sinais e nessas mensagens pode ajudá-lo a evitar que sua mente seja atingida por um ataque espiritual. Se você ignorar o que o Universo está dizendo, suas mensagens podem se tornar menos sutis. Em algum momento, passarão a ser lições excruciantes, e você precisará corrigir seu caminho. É muito melhor agir com respeito às mensagens ou aos avisos sutis do que esperar por um evento doloroso que o force a fazer mudanças.

Leitura numerológica para os outros

Quando começar a fazer leituras para os outros, seus familiares, amigos ou clientes, você passará pelos cinco números do perfil principal, por isso, há algumas coisas importantes que você deve saber.

Comece sempre com o número do caminho de vida e explique ao seu ouvinte por que esse é o número mais importante do perfil. Então, siga para o número de alma, para revelar as vontades de seu coração: esse é o lado mais privado e mais íntimo dele, que só as pessoas muito próximas a ele conseguem enxergar. Fale um pouco de compatibilidade explicando os números de estresse da alma (ver página 133).

A partir daí, verifique os números de personalidade, de destino e de aniversário. Todos têm consequências profundas na carreira e na forma como se ganha a vida. Discuta os dons especiais, os talentos e as habilidades que essa energia numérica lhes concede.

Siga com o número de atitude, explicando que é por meio dele que nascem as primeiras impressões e os julgamentos. Termine com o número de maturidade, que se torna mais relevante conforme a idade da pessoa.

Enquanto estiver fazendo a leitura, preste atenção especial no posicionamento e na influência de cada número. Se houver números repetidos no mapa, discuta essas intensidades. A repetição pode alterar bastante o significado das informações que você transmite.

Explique as lições e as dívidas cármicas conforme elas forem surgindo, e sempre, de maneira gentil, ofereça orientações sobre como aprender lições e pagar ao banco cósmico. Empodere-os com as ferramentas que lhes permitam resolver o próprio carma durante a vida.

Termine com os ciclos e o momento de seus anos, meses e dias pessoais, a fim de lhes oferecer conhecimento das oportunidades, das possibilidades e dos desafios que podem surgir em seu caminho.

SEJA SENSÍVEL E RESPEITOSO

Fazer leituras para os outros é uma enorme responsabilidade. Pense em quem costuma pedir uma leitura — geralmente, as pessoas procuram ajuda em momentos de desespero ou quando se encontram em uma encruzilhada importante. Elas buscam orientação do mundo espiritual. Considere uma honra e um privilégio oferecer orientação durante esses momentos.

Clientes, amigos e familiares podem tomar decisões importantes com base nas informações e nos *insights* que você lhes oferecer. Por causa disso, você deve ter cuidado com suas palavras e nunca deve projetar seus sentimentos pessoais, seus julgamentos ou suas opiniões na leitura. Lembre-se de que você é apenas um canal para a inteligência oferecida pelos números.

Mantenha-se positivo. Evite criar profecias autorrealizáveis para seus clientes ou amigos. Por exemplo, se, em um mapa, você encontrar marcadores que indiquem o divórcio, não condene a pessoa a desistir de um relacionamento no momento em que esse começar a parecer difícil (há sempre espaço para interpretação; este também é o marcador para alguém que é viúvo ou perdeu um dos pais quando era jovem).

Em vez disso, explique que o casal pode precisar vivenciar algumas lições difíceis sobre o amor. Nunca se sabe exatamente como os números irão materializar os acontecimentos na vida de outra pessoa. Como a sempre inspiradora Maya Angelou disse: "Estou convencida de que palavras são coisas. É preciso ter cuidado". Depois que uma palavra foi dita, não há como desfazer seu poder. Aja com bondade, empatia e compaixão; essas características serão alguns de seus maiores ativos como leitor.

Se optar por exibir seu novo conhecimento como uma diversão para entreter os amigos, respeite a ciência. Tenha sempre certeza de ser preciso e mantenha a mente clara (matemática e álcool não costumam se misturar bem). Muitos intuitivos acreditam que abusar do dom ou usá-lo de forma errada leva à diminuição, e até mesmo ao bloqueio, das habilidades do leitor.

Alguns clientes levam tudo a sério; outros lutam contra isso. O livre-arbítrio está sempre envolvido, e as pessoas só se curam quando estão prontas para isso.

É preciso deixar algumas coisas muito claras: ancore sua energia. Você não vai querer que os problemas de outra pessoa ou sua energia tóxica passem para você, então imponha limites. Existem muitas técnicas e cristais eficazes que oferecem proteção. Continue com sua pesquisa e encontre um método que funcione para você.

Citando o numerólogo Hans Decoz, "a numerologia é uma profissão difícil, mas intensamente gratificante". Motive, inspire, eleve, ofereça *insights* e sempre diga a verdade... suas leituras serão fabulosas!

O DESENVOLVIMENTO DE SUA INTUIÇÃO

Sua intuição continuará a evoluir e se expandir junto com sua consciência e confiança. Entender e desenvolver a intuição é profundamente pessoal e acontece de forma diferente para cada um.

No início da minha carreira em numerologia, me ensinaram o conceito de "blah" (*Bring Love And Healing*; em inglês, provoque amor e cura) — basicamente, receber uma mensagem muito forte e botá-la para fora com um *blah*. Esse fenômeno criou algumas de minhas conexões mais significativas e sinceras com os clientes. Diversas histórias vêm à mente, mas vou contar apenas uma.

Essa mensagem irritante veio a mim com as seguintes palavras "camisa xadrez azul, camisa xadrez azul". Eu tentei deixá-la de lado, mas a mensagem era incansável, como as mensagens do Universo tendem a ser. Por fim, perguntei à cliente o significado dessa imagem. Ela não tinha nenhuma resposta imediata, então, eu continuei com a leitura. No final da consulta, seu rosto se iluminou e ela correu até seu carro para pegar algo e me mostrar, o panfleto do serviço fúnebre de seu sogro. Na foto, ele vestia uma camisa xadrez azul.

Ainda sinto calafrios quando penso em como esse momento foi emocionante para ela.

Será fundamental encontrar o equilíbrio entre a bondade, a honestidade e a censura. Controle seu ego, mantenha tudo confidencial e entregue suas leituras intuitivas com compaixão e amor.

DECIFRANDO O CÓDIGO

Revelar sua nova habilidade depende de você. As pessoas podem ficar estranhamente misteriosas em relação à data de nascimento delas (ou até fornecer informações imprecisas) se acreditarem que você pode revelar algo que elas prefiram manter em segredo. Com a experiência, você provavelmente perceberá quando isso estiver acontecendo. Nunca pressione alguém a compartilhar seus números com você. Esteja sempre aberto(a) ao aprendizado, respeite os limites e mantenha a mente também aberta.

Chegará um momento em que elas entenderão o que você agora sabe após a leitura deste livro: que a vida pode ser mais fácil; as decisões e o tempo correto podem ser menos confusos; os relacionamentos, mais harmoniosos; e que grandes oportunidades podem ser aproveitadas por meio da numerologia.

Abrace a magia do Universo. Eu sempre digo que, se todos contassem com apenas um pouco de numerologia em suas vidas, o mundo seria um lugar mais mágico, compreensivo e compassivo.

Parabéns por sua nova sabedoria.

FONTES E REFERÊNCIAS

Bell, Pamela e Jordan, Simon. *Astronumerology*. New York, NY: Avon Books, 1998.

Boland, Yasmin. *Astrology: A Guide to Understanding Your Birth Chart*. Carlsbad, CA: Hay House, 2016.

Decoz, Hans e Tom Monte. *Numerology: The Key to Your Inner Self*. New York, NY: Penguin Group, 1994.

Dodge, Ellen. *Numerology Has Your Number*. New York, NY: Simon & Schuster, 1988.

Goodwin, Matthew Oliver. *Numerology: The Complete Guide*. Franklin Lakes, NJ: The Career Press, 1981.

Hicks, Esther e Jerry. *Ask and It Is Given*. Carlsbad, CA: Hay House, 2004. [*Peça e será atendido*. Rio de Janeiro: Sextante, 2016.]

Jordan, Juno. *Numerology: The Romance in Your Name*. Camarillo, CA: DeVorss & Company, 1984.

Lagerquist, Ph.D., Kay e Lisa Lenard. *Numerology*. 2. ed. New York, NY: Penguin Group, 2004.

Lawrence, Shirley Blackwell. *Behind Numerology*. North Hollywood, CA: Newcastle Publishing, 1989.

Lawrence, Shirley. *Exploring Numerology: Life by the Numbers*. Franklin Lakes, NJ: The Career Press, 2003.

Shine, Norman. *Numerology: Your Character and Future Revealed in Numbers*. New York, NY: Simon & Schuster, 1994.

Simmons, Robert e Naisha Ahsian. *The Book of Stones*. East Montpellier, VT: Heaven E Earth Publishing, 2005. [*O livro das pedras*. São Paulo: Madras, 2013.]

www.astrology.com

www.astrostyle.com

www.biddytarot.com

www.joyofnumerology.com

www.moonology.com

www.numerologist.com

www.worldnumerology.com

Aqui no Brasil, há também os sites:

www.astrolink.com.br

www.personare.com.br

ÍNDICE

1

atitude do, 87

combinações de, 51

consonância do, 77

cura pelos cristais, quando
combinado com, 151-153

destino revelado como, 57

dívida cármica, 29

energia do caminho de vida, 37

energia do dia do nascimento do, 31

gráficos de nascimento e, 112, 115,
115-120

Janeiro, mês numérico do, 35

maturidade do eu verdadeiro, 79

Número de alma, 69

Outubro, reduz a, 35

personalidade definida como, 73

zodíaco e o número de, 155

2

0, combinado com, 34

atitude do, 87

consonância do, 77-78

cura pelos cristais e, 151-153

destino revelado como, 57-58

energia do caminho de vida, 38-39

Fevereiro, mês numérico do, 35

Mapa numérico do nascimento, 114

maturidade do eu verdadeiro, 79

Número de alma, 69

Número de aniversário, 31

personalidade definida como, 73

zodíaco e o número, 156

3

atitude do, 88

combinações únicas do, 50

consonância do, 77-78

cura pelos cristais e, 151-153

destino revelado como, 58

energia do caminho de vida, 39-40

energia do dia do nascimento do, 31

mapa do nascimento e, 114

Março, mês numérico do, 35

maturidade do eu verdadeiro, 79

Número de alma do, 70

personalidade definida como, 73

zodíaco e o número, 156

4

atitude do, 88

consonância do, 77-78

cura pelos cristais e, 151-153

destino revelado como, 59

dívida cármica, 29

energia do caminho de vida, 40

energia do dia do nascimento do, 32

Estresse (relacionamento), 97
Maio, mês numérico de, 35
Mapa numérico do nascimento, 114
maturidade do eu verdadeiro, 80
Número de alma do, 70
personalidade definida como, 74
zodíaco e o número, 156

estresse, 94-95
Junho, mês numérico de, 35
Mapa numérico do nascimento, 114
maturidade do eu verdadeiro, 80
Número de alma, 71
personalidade definida como, 71
zodíaco e o número, 157

5

atitude do, 88
consonância do, 77
cura pelos cristais e, 151-153
destino revelado como, 59-60
dívida cármica e, 29
energia do caminho de vida, 41-42
energia do dia do nascimento do, 32
Maio, mês numérico de, 35
Mapa numérico do nascimento,
114-115
maturidade do eu verdadeiro, 80
Número de alma, 71
personalidade definida como, 74
zodíaco e o número, 156

7

atitude do, 89
combinações únicas do, 50
consonância do, 77
cura pelos cristais e, 151-153
destino revelado como, 60-61
dívida cármica e, 29
energia do caminho de vida, 43-44
energia do dia do nascimento do, 32
Mapa numérico do nascimento, 114
maturidade do eu verdadeiro, 80
Número de alma, 72
personalidade definida como, 74
zodíaco e o número, 157

8

Agosto, mês numérico do, 35
atitude do, 89
combinações únicas do, 50
consonância do, 77-78
destino revelado como, 61-62
energia do caminho de vida, 45-46
energia do dia do nascimento do, 33
Mapa numérico do nascimento, 115

6

atitude do, 89
combinações únicas do, 51
consonância do, 77-78
cura pelos cristais e, 151-153
destino revelado como, 60
energia do caminho de vida, 42-43
energia do dia do nascimento do, 32

maturidade do eu verdadeiro, 80

Número de alma, 72

personalidade definida como, 74

zodíaco e o número, 157

9

atitude do, 90

combinações únicas do, 50-51

consonância do, 77-78

cura pelos cristais e, 151-153

destino revelado como, 62

energia do caminho de vida, 46-47

energia do dia do nascimento do, 33

mapa do nascimento, 115

maturidade do eu verdadeiro, 81

Novembro, mês numérico do, 35

Número de alma, 73

personalidade definida como, 74

zodíaco e o número, 157

11

atitude do, 87

destino revelado como, 62-63

energia do caminho de vida, 47-48

energia do dia do nascimento do, 33

Mapa numérico do nascimento, 114-115

maturidade do eu verdadeiro, 81

Novembro, mês numérico do, 35

Número de alma, 69

personalidade definida como, 73

zodíaco e o número, 156

22

atitude do, 88

destino revelado como, 63

energia do dia do nascimento do, 33

maturidade do eu verdadeiro, 81

Número de alma do, 70

número do caminho de vida do, 48-49

personalidade definida como, 74

zodíaco e o número, 156

33

atitude do, 89

destino revelado como, 63-64

energia do dia do nascimento do, 33

maturidade do eu verdadeiro, 81

Número de alma, 71

número do caminho de vida do, 49-50

personalidade definida como, 74

zodíaco e o número, 157

A

Anos Pessoais

cálculo, 90-91

Ciclos da Lua e, 148

ciclos de compatibilidade e, 104

definido como, 91-96

energia dos, 90

experiências, influenciando, 90

vibrações da idade e, 99

Aritmancia, definida como, 112-113

Artes metafísicas, 18,143

Astrologia

    Ciclos da Lua e, 148

    crescimento espiritual e, 131, 143

    mapa astral, 145

    numerologia, alinhamento com a, 146

B

Balliett, Senhora Dow, 19

C

Caixa metafísica de ferramentas, 155-157

Caminhos de vida

    1, o líder nato, 37-38

    2, como paciente, 38-39

    3, populares e social, 39-40

    4, pragmático e preparado, 40-41

    5, imprevisível e impulsivo, 41-42

    6, como amor, 42-43

    7, forte e silencioso, 43-45

    8, no comando, 44-46

    9, a alma velha, 46-47

Ciclos Pessoais, 85, 104, 107-108

Consciência de si mesmo, importância da, 36, 128-129, 139-140, 146

Consonâncias como números de interesse comum, 77-78

Contrato de alma, 25-26, 146

Correspondência numérica das letras, 55

Cristais, no mapa de cura, 151-153

D

Dias Pessoais

    cálculo, 105

    definido como, 106, 107

Dívida Cármica

    Cartas de tarô, carma revelado através da, 149

    como revelado em seus números, 28, 114

    cumprindo suas obrigações, 31-33, 59

    determinando o significado de, 28-30

    erros passados, resolvendo, 26

    Lições cármicas, letras faltantes revelam, 75, 114, 120

Dons

    compaixão dos, 42

    criatividade na entrega de dons, 93, 115

    cura de, 64

    extras, números mestres e os, 27, 62

    humor como um dom, 39

    intuição e, 25, 43, 73, 139-140

    liderança, de, 31, 37, 47, 57, 61, 69

    paciência, de, 38, 57, 62

    praticidade, dos, 40

    talentos, escolha da alma, 26

E

Energia

    3 emocional, do, 39, 81, 93

    6 feminino, do, 42-43

energia numérica, 53, 160

energia vibracional, 20, 53

lições cármicas e energia perdida, 75

números mestres, 47

Espiritualidade, numerologia e, 19, 43, 61, 117, 131

H

História da numerologia, 16-21

I

Intuição

desenvolvimento e compreensão de, 139, 165

do caminho de vida, dom da, 43

efeito positivo da numerologia, 21

informações, como guia para a transmissão de, 23

separando ego e imaginação da, 21

Íons negativos, benefícios dos, 154

L

Leituras Numerológicas

amigos e família, para, 163-164

animais de estimação, para, 136-139

astrologia, semelhanças entre, 146

Cartas de tarô e, 144, 148-150

Ciclos da Lua e, 148

crescimento pessoal, para, 22, 50

cristais e, 150-151

definida como, 20

M

Mapa do Nascimento

setas de força, 115

setas, significados por linha, 116-120

significados definidos como, 114-115

tabela, usando para criar, 112-113

Mapa do nome

como criar, 120

números de intensidade e, 121-124

setas no, 124

Mapas, de nascimento e construção de nomes em, 111-112, 124

Meses Pessoais

cálculo, 100

Ciclos da Lua e, 148

definido como, 100-102

Motivação

caminho de vida, revelado através da, 36

ciclos, amplificados por, 104

conforme governado pelo coração, 65-66

cristais usados para, 151-153

N

Nomes de nascimento

donos de seu destino, 54

importância do, 64

inspiração divina dos, 53

ÍNDICE **173**

natureza verdadeira, revelador
da, 51
responsabilidade da escolha do,
64-65
valor numérico do, 19
Número de Alma
Cálculo do, 65
compatibilidade e, 127
definido como, 69-73
em harmonia com o, 132-133
números de estresse e, 133-136
Número de aniversário
cálculo correto do, 26-27
definido como, 31-33
Número de atitude
cálculo do, 86
definido como, 87-90
Número de destino
1, o solucionador de problemas, 57
2, o parceiro, 57-58
3, o animador, 58-59
4, confiável e organizado, 59
5, o caçador de emoções, 59-60
6, o perfeccionista, 60
7, intuitivo e intelectual, 60-61
8, sucesso financeiro do, 61-62
9, personalidade e charme do, 62
cálculo do, 56
números mestres e, 62-64
potencial atingido através do,
51, 54
Número de estresse da atitude,
compatibilidade com os outros e,
96-98

Número de maturidade
casamentos tardios, relacionados
aos, 136
compatibilidade em
relacionamentos, revelando, 127
definido como, 78-82
verdadeiro eu, descobrindo o, 78
Número de personalidade
carreira e, 130
definido como, 73-74
eu exterior e, 136
primeiras impressões, indicando, 68
Números
0, como amplificadores, 34
conexão, trabalho e carreira, 130
letras dos nomes, de, 16, 51, 54, 55
mapa, números mais comuns no, 161
mensagens do Universo, como, 16, 160
Números caldeus, 19
Tarô, combinado com, 148
vibração de, 16-17, 20-22, 47
vida cotidiana e, 160
Números centrais
padrões, identificação de, 128-129
para harmonia nos
relacionamentos, 132
perfil, construção com o, 26, 125, 127
Números de estresse
atitude e, 97-98
incompatibilidade, revelando, 96
Número de alma e, 133
Números mestres
11 (intuitivo), 33, 47, 48, 62, 63, 87,
92-93

174 NUMEROLOGIA

22 (bem-sucedido), 48-49, 63, 88, 93-94

33 (influente), 49-50, 63, 64, 89

bênção e fardo dos, 27

Cartas de tarô, relacionadas a, 148-149

Mapas do nome, excluídos dos, 120

termos especiais dos, 47,48

vibrações da idade e, 99

Números Não Mentem (Juno), 19

Números repetidos, 82-83

O

Objetivo, chave para encontrar, 16, 22

O número do caminho de vida

aliança astrológica de, 146

cálculo correto do, 34

consonâncias pessoais e, 77

Nomes de bebês, escolha de, 64-65

Número de alma e, 65-66

Número de aniversário e, 50

números mestres e, 36, 47-50

pontos fortes e fracos, 51

Outubro

energia de, 91, 101

importância de, 103

P

Pitágoras, 18, 112

R

Relacionamentos

amigos, relacionamentos com, 131-132

como espelhos do eu, 22, 25

consciência de si mesmo,

melhorando através da, 37, 40, 43

números de estresse e, 96-98, 133-136

primeira vez, criação de novos, 132

resolução cármica e, 26

S

Seton, Julia, 19

U

Universo, decifrando o, 16

V

Vibração da idade, 99

Z

zodíaco

Mapa astral, 145

numerologia, combinando

astrologia com, 146

signos, energia compartilhada e,

155-157

Este livro foi impresso pela Grafilar
em fonte Chronicle Text G1 sobre papel Pólen Bold 90 g/m²
para a Edipro no outono de 2022.